BLITZ

Tome 1

Création originale : Cédric Biscay
Dessins : Daitaro Nishihara
Scénario : Cédric Biscay & Harumo Sanazaki

IWA

BLITZ

Sommaire

Bonus

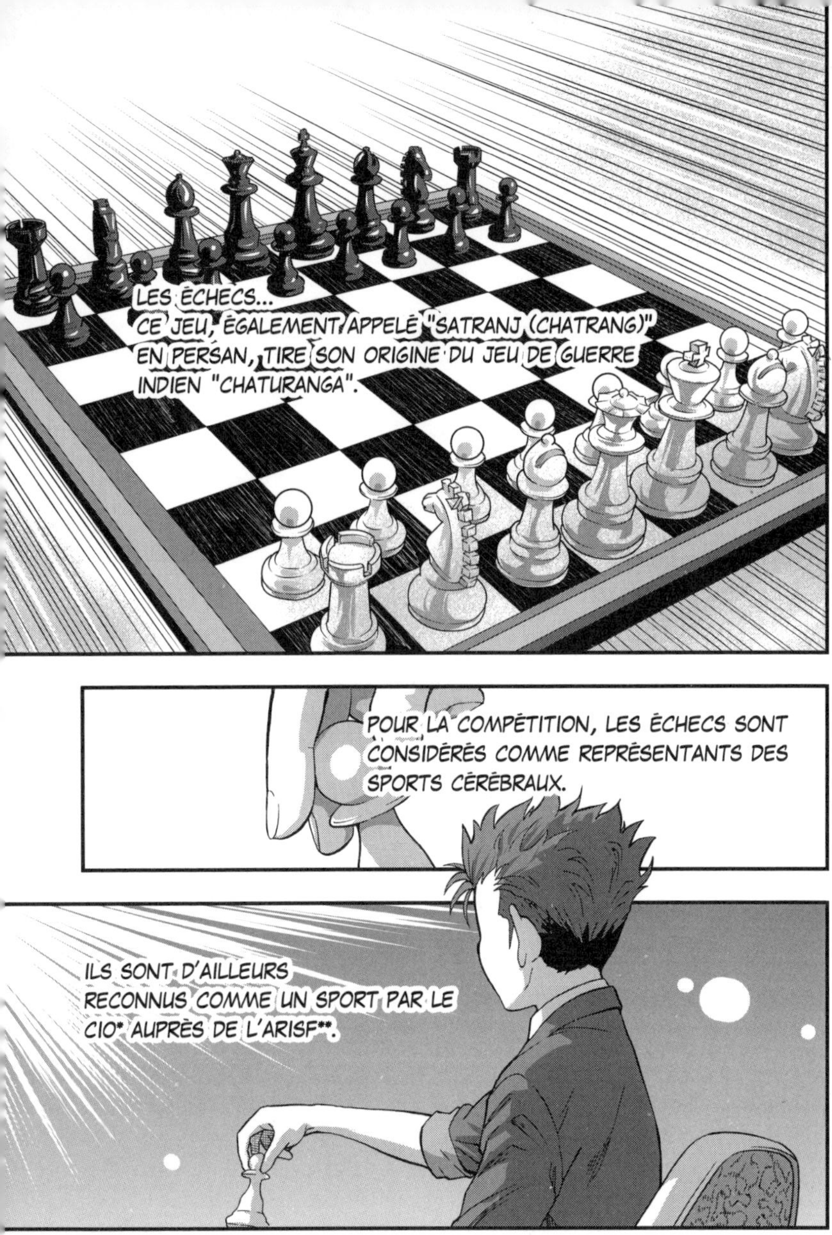

*COMITÉ INTERNATIONAL OLYMPIQUE

** ASSOCIATION OF IOC RECOGNISED INTERNATIONAL SPORTS FEDERATIONS (ASSOCIATION DES FÉDÉRATIONS INTERNATIONALES DE SPORTS RECONNUES PAR LE CIO)

Chapitre 1 : Bonne partie !

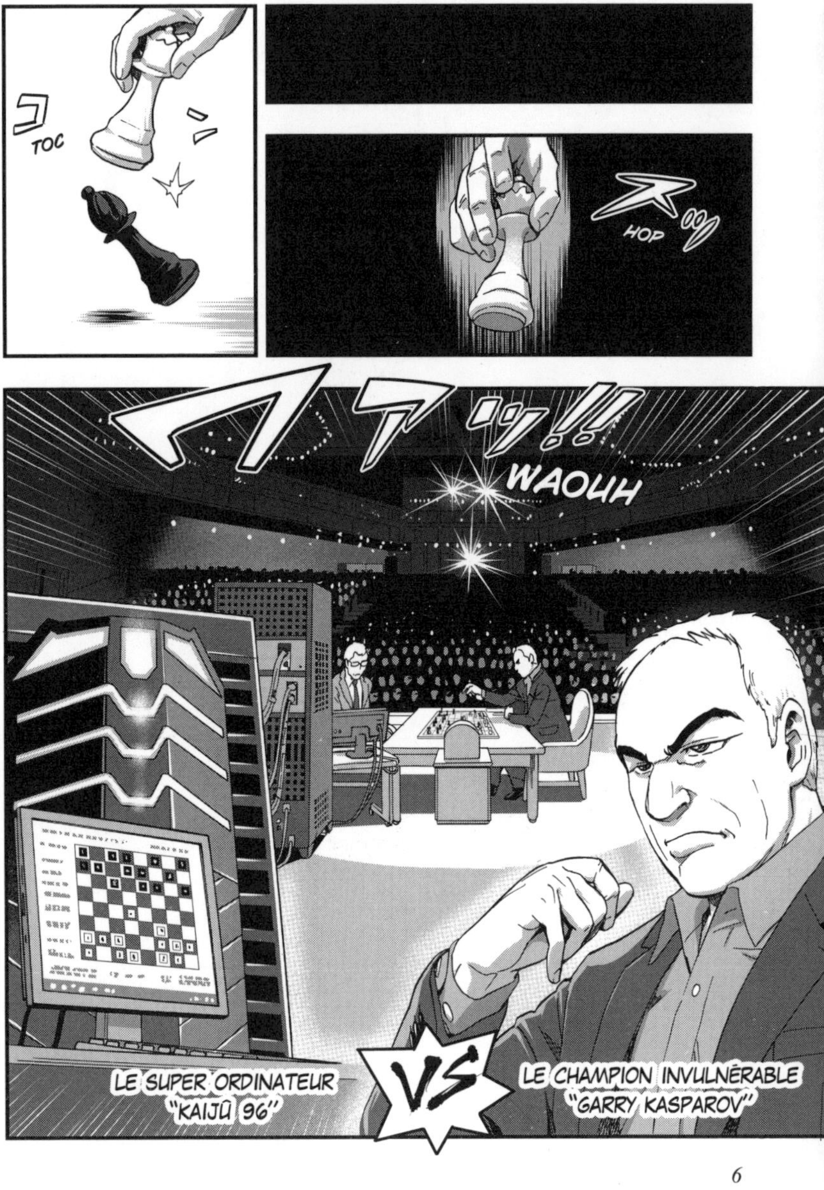
HOP
TOC
WAOUH
LE SUPER ORDINATEUR "KAIJÛ 96"
VS
LE CHAMPION INVULNÉRABLE "GARRY KASPAROV"

QUELLE PARTIE SERRÉE ! C'EST DU JAMAIS VU !
オオ…
OOH…
ざわ
HAN…
LES DEUX JOUEURS SONT SANS CONCES-SION !!

!?
DZZ
VIOUM
WOUAAH
BROUHAHA
UN SHUT DOWN ?!
KAIJŪ 96 A CRASHÉ !
C'EST UNE BLAGUE ?! UN SUPER ORDINATEUR QUI CRASHE TOUT SEUL ?!
GARRY KASPAROV EST DONC DÉCLARÉ VAINQUEUR !!
CLAP CLAP CLAP
BROUHAHA
MAIS ALORS... QUI EST LE VAINQUEUR ?
ÇA VEUT DIRE QUE... LES NOIRS DÉCLARENT FORFAIT... ?
JE CROIS BIEN...

MONSIEUR KASPAROV ! UN MOT AU SUJET DE VOTRE VICTOIRE SUR "KAIJU 96" !
S'IL VOUS PLAÎT !
CLAC
JE N'AI PAS ENCORE... REMPORTÉ LA VICTOIRE.
ET D'AILLEURS... LUI NON PLUS.
FLASH
CLAC
バタン…

International School of Shibuya
ISS
International School of Shibuya
ISS
オ
オ
オ
オ
VROOOM
チェスクラブ*
* CLUB D'ÉCHECS
TOC TOC
コト…
コト

LA PARTIE
DE KASPAROV
CONTRE
TOPALOV DE
1999.
REJOUONS
UNE
PARTIE
CÉLÈBRE...
ALLEZ,
HARMONY...
C'EST LE
MOMENT
D'APPRENDRE
DES PLUS
GRANDS
JOUEURS.
HAR-
MONY !
LA CLO-
CHE VA
BIENTÔT
SONNER
ET LES
COURS
VONT
COMMEN-
CER.
LA
TOUR !
TOC
LE
PROCHAIN
COUP DE
KASPAROV...
CE SERA...

BON... JE COMMENCE L'APPEL.
SCOTT.
OUI !
CHLOÉ.
OUI !
TIENS ?
... TOM ?
TOM N'EST PAS LÀ ? DÉCIDÉMENT...
HAAA...
はー
AH LÀ LÀ...
CE FLEMMARD... IL A ENCORE SÉCHÉ !

PFFF... QU'EST-CE QUE JE M'ENNUIE...
!
食堂*
* RÉFECTOIRE
HA HA HA
アハハ
BLA BLA
ワイワイ
QU'EST-CE QUE TU REGARDES, HARMONY ?
LES INFORMATIONS.

LES INFORMATIONS ?
OUI, SUR LES ÉCHECS ET GARRY KASPAROV.
KASPAROV ? C'EST QUI, ÇA ?
TAP
UN CHAMPION D'ÉCHECS ?
OUI.
POUR LES JOUEURS D'ÉCHECS COMME MOI, C'EST UNE PERSONNE À PART.
J'AI ÉNORMÉMENT DE RESPECT POUR SA TECHNIQUE, MAIS AUSSI POUR LUI.
MONSIEUR KASPAROV EST UNE LÉGENDE DANS LE MONDE DES ÉCHECS. C'EST UN HOMME EXCEPTIONNEL.
UN CHAMPION INVULNÉRABLE.
HÉ, TOI ! TU N'AS RIEN À FAIRE AUPRÈS D'HARMONY !
GRR
LAURENT !
HEIN ? QUOI ? HARMONY, TU JOUES AUX ÉCHECS ?
TAP
TIENS, SAORI ! NORMAL QUE TU NE SOIS PAS AU COURANT VU QUE TU VIENS D'ARRIVER DANS NOTRE ÉCOLE,
MAIS DANS LE MILIEU DES ÉCHECS INTERSCOLAIRES, HARMONY A SA PETITE NOTORIÉTÉ !
WAA-AH !

ARRÊTE, LAURENT...
J'AI ENCORE DES PROGRÈS À FAIRE.
IL ME RESTE BEAUCOUP À APPRENDRE POUR DEVENIR UNE JOUEUSE AUSSI DOUÉE QUE GARRY KASPAROV...
LES ÉCHECS SONT ENCORE UN SPORT DE NICHE AU JAPON, MAIS JE VEUX FAIRE DE MON MIEUX POUR LES RENDRE POPULAIRES !
...
BON, ALLONS-Y !
ON A UNE RÉUNION D'ANALYSE DE LA FINALE DU CHAMPIONNAT D'ASIE DE L'ANNÉE DERNIÈRE.
OUI.
À PLUS TARD, SAORI ! À PLUS TARD, TOM !
HA !
フフン
HIN HIN
オォォォォ
WOOOOH !
... TU NE POURRAS PAS TE RAPPROCHER D'HARMONY SI FACILEMENT, TU SAIS ?
ドキッ
GLOUPS
QU'EST-CE QUE TU RACONTES ?

ACTUEL-LEMENT, HARMONY EST EN TRAIN D'EXPLORER SON CHEMIN !
SON CHEMIN ?
TCHAC
OUI, ELLE SUIT SON PROPRE CHEMIN. CELUI QU'ELLE A CHOISI, CELUI DES ÉCHECS...
CE QUI VEUT AUSSI DIRE... QU'ELLE NE PEUT "VOIR" QUE CEUX QUI SONT SUR LE MÊME CHEMIN QU'ELLE !
ET POUR LE MOMENT, J'AI L'IMPRESSION QUE C'EST AVEC LAURENT, ÉGALEMENT JOUEUR D'ÉCHECS, QU'ELLE A LE PLUS DE POINTS COMMUNS.
QU'EST-CE QUE JE PEUX FAIRE ALORS !?
POURQUOI TU TE PRENDS LA TÊTE ?

TU N'AS QU'À ESSAYER D'APPRENDRE LES ÉCHECS, NON ?
...
MAIS OUI...
BIEN SÛR !
SNAP
ぱちん
TOUT VA BIEN !
けろっ
チェスクラブ*
* CLUB D'ÉCHECS
DANS CE CAS DE FIGURE, QUEL COUP JOUERAIS-TU, LAURENT ?
HM... VOYONS VOIR...
FIXE...
HM ?
!
MIN-CE !

LE LENDEMAIN
チュン
CUI CUI
チュン
TIENS, TIENS ! TOM ! IL EST BIEN TÔT, DIS DONC !
AUJOURD'HUI, TU VAS À L'ÉCOLE À L'HEURE ?
J'ESPÈRE QU'IL NE VA RIEN NOUS ARRIVER DE FÂCHEUX !
C'EST TOI-MÊME QUI ME L'AS DIT, JEAN-MARC :
LA VIE C'EST COMME ÇA, TOUT PEUT ARRIVER !
TAP
たっ
TAP
たっ
たっ
TAP
HA HA ! BIEN DIT !
J'AI REÇU DE LA FARINE DE SARRASIN DE FRANCE.
TU POURRAS PRÉVENIR TA MÈRE ? JE LUI OFFRIRAI DE BONNES GALETTES !
JE LUI DIRAI.
TAP
たっ
たっ
TAP
JEAN-MARC, VOUS AVEZ PRIS CE GARÇON SOUS VOTRE AILE, ON DIRAIT.
C'EST VRAI.
IL EST UN PEU ESPIÈGLE, MAIS C'EST UN GARÇON INTELLIGENT ET INTÉRESSANT.

Champion
BONJOUR, HARMONY !
VOICI LE DOSSIER SUR TES ADVERSAIRES JUSQU'À LA FINALE DE LA COMPÉTITION.
J'Y AI NOTÉ LES RÉSULTATS QU'ILS ONT OBTENUS JUSQU'À PRÉSENT ET LEURS PETITES HABITUDES !
MERCI, LAURENT !
J'EN AI AUSSI POUR VOUS !
OUAIS !
SUPER ! MERCI !
BIEN JOUÉ, LAURENT !
HM...
FLAP...
NOUS DEVONS FAIRE DE NOTRE MIEUX POUR NOUS MONTRER DIGNES
D'APPARTENIR AU MÊME CLUB QU'HARMONY.
SWIP
AH, AU FAIT...

JE VOUS PRÉSENTE UNE NOUVELLE, SAORI.
ELLE DÉBUTE, MAIS EST MOTIVÉE. JE COMPTE SUR VOUS POUR ÊTRE SYMPA AVEC ELLE !
ENCHANTÉE !
MES PARENTS SONT D'ANCIENS EXPATRIÉS. JE PARLE COURAMMENT L'ANGLAIS ET LE FRANÇAIS, EN PLUS DU JAPONAIS. N'HÉSITEZ PAS À VENIR ME PARLER !
わー
OUAIS !
CLAP CLAP CLAP
ガチ
TCHAC
TAP
TAP
?!
TOM, ICI C'EST LE CLUB D'ÉCHECS ! TU NE PEUX PAS ENTRER ET SORTIR COMME TU VEUX.
VA-T'EN !
J'AI QUELQUE CHOSE À DEMANDER À HARMONY !
NOTRE ENTRAÎNEMENT DU MATIN EST BIENTÔT TERMINÉ. PARLONS PLUTÔT EN CLASSE.

JE VEUX...
TE DEMANDER QUELQUE CHOSE À PROPOS DES ÉCHECS !
!
SUPER ! ET SI TU T'INS-CRIVAIS AU CLUB AVEC MOI ?
QUOI...
Y A PAS MOYEN !!

EXAC-TE-MENT !
MAIS NOUS SOMMES UNE ÉQUIPE, NOUS DEVONS PRÉSERVER NOTRE UNITÉ...
CHACUN EST LIBRE DE S'INSCRIRE, NON ?
QU'EST-CE QU'ON VA NOUS DIRE SI ON LAISSE ENTRER DES ÉLÈVES À PROBLÈMES COMME TOM DANS LE CLUB ?
BONNE IDÉE ! COMME ÇA TOUT LE MONDE AURA LA POSSIBILITÉ D'ÊTRE CONVAINCU.
QUOI ?!
DANS CE CAS, ET SI VOUS LUI FAISIEZ PASSER UN TEST ?
MAIS... MAIS...
PAS SI VITE...
SI TU PEUX ME BATTRE DANS DEUX MOIS, TU POURRAS ENTRER DANS LE CLUB !
SÉRIEUX ? C'EST TOUT ?
GRR
BIEN...
JE TE DONNE DEUX MOIS !
...
ÇA MAR-CHE !
ON S'Y MET TOUT DE SUITE, SI VOUS VOULEZ.

TSS !
OUAIS ! ET SI PAR HASARD TU ARRIVAIS À GAGNER CONTRE MOI...
JE TE CÈDERAI MÊME MA PLACE DE PRÉSIDENT DU CLUB !
BOM
ÇA ROULE.
BAM
ÇA VA ÊTRE MARRANT ! TU PEUX COMPTER SUR MOI !
TOC
FAIS ATTENTION ! C'EST LE PORTE-BONHEUR D'HARMONY !
HEIN ?

ÇA VA, NE T'IN-QUIÈTE PAS.
ON M'A OFFERT CETTE PIÈCE À L'ÉPOQUE OÙ J'AI COMMENCÉ À JOUER AUX ÉCHECS.
JE FAISAIS DE L'ÉQUITATION QUAND J'ÉTAIS ENFANT... ET ELLE ME FAISAIT PENSER À CE CHEVAL QUE J'ADORAIS.
ELLE EST TRÈS IMPORTANTE POUR MOI, C'EST MA PRÉFÉRÉE.
DÉ... DÉSOLÉ...
TOUTES MES EXCUSES, HARMONY.
BON ! L'EN-TRAÎNEMENT DU MATIN EST FINI ! MERCI ! VOUS POUVEZ ALLER EN CLASSE !
BON COURAGE !
がんばれ

UN MEC COMME TOI, QUI NE TIENT PAS EN PLACE...
ET QUI N'ARRIVE PAS À RESTER CONCENTRÉ SUR UNE CHOSE PLUS DE DEUX MINUTES, N'EST PAS FAIT POUR CE JEU.
SURTOUT QUE...
YARK
POUR JOUER AUX ÉCHECS, IL FAUT SAVOIR UTILISER SON CERVEAU !
... QUOI ?!
!
SAVOIR UTILISER SON CERVEAU ? ET ALORS ?!
TOC
BOM
TU VAS VOIR CE QUE TU VAS VOIR !!

BLITZ

Chapitre 2 : Je suis un pion

UNE GALETTE SPÉCIALE AVEC DU JAMBON, DU FROMAGE ET DEUX ŒUFS.
GROOO ゴゴゴゴ‥
オオ‥
HM...
FLAP パラ…
MERCI, JEAN-MARC !

HOP
ET ÇA HM HM
C'EST RARE DE TE VOIR COMME ÇA...
TOM, QU'EST-CE QUE TU ÉTUDIES AVEC TANT D'ARDEUR ?
MONTRE-MOI !
CHESS
OH !
UN LIVRE SUR LES ÉCHECS !
TU VAS Y JOUER, TOI ?
OUAIS.
HMM...
C'EST UN BON LIVRE, DIS DONC.
FLAP
!
GLOUPS

NE ME DIS PAS QUE...
TU Y JOUES TOI AUSSI, JEAN-MARC ?!
HEIN ? MOUI.
EN FRANCE, CE N'EST PAS RARE DE JOUER AUX ÉCHECS.
GRIP
SUPER ! GÉNIAL !
TU VEUX BIEN ÊTRE MON ADVERSAIRE POUR M'ENTRAÎNER ?
HÉ ! DU CALME, TU VAS EFFRAYER MES CLIENTS !
QU'EST-CE QUI PEUT BIEN LUI PRENDRE... ?

J'AI LU DES LIVRES !
MAIS J'AI ENCORE JAMAIS JOUÉ CONTRE PERSONNE !
ET J'AI QUE DEUX MOIS DEVANT MOI !
ATTENDS UN PEU ! JE NE COMPRENDS PAS. EX-PLIQUE-MOI UN PEU DE QUOI TU PARLES !
ET MANGE D'ABORD TA GALETTE !
...
TU N'ES PAS RAISON-NABLE...
EN SEULEMENT DEUX MOIS, TU VEUX DEVENIR CAPABLE DE BATTRE...
LE PRÉSIDENT DU CLUB... !?

JE SUIS UN HOMME...
JE NE POUVAIS PAS REFUSER CE CHALLENGE.
C'EST POUR UNE FILLE...
JE VOIS...
AAAAH..
BON...
C'EST VRAI QUE NOUS LES HOMMES, ON AIME COMBATTRE POUR NOTRE DAME !
HM !
J'ACCEPTE DE JOUER CONTRE TOI AUX ÉCHECS, P'TIT GARS !
ENTENDU ! JE VAIS PRÉVOIR DU TEMPS MATIN ET SOIR POUR T'AIDER.
FROTTE FROTTE
くしゃ くしゃ
MERCI, JEAN-MARC ! JE COMPTE SUR TOI !

JE VAIS Y ARRIVER !
OUAIS !
TAP
TAP
"TOUCH AND MOVE": QUAND ON A TOUCHÉ UNE PIÈCE, ON EST OBLIGÉ DE LA JOUER.
ET QU'EST-CE QU'ON FAIT SI LA PIÈCE EST MAL PLACÉE ?
HOP
ÇA, CE N'EST PAS POSSIBLE.
C'EST POURTANT BIEN ÉCRIT DANS LES RÈGLES !
AH ?

L'ÉTIQUETTE EST IMPORTANTE ET LES RÈGLES STRICTES.
TU ANNONCES À L'ADVERSAIRE "J'ADOUBE", PUIS TU REPLACES BIEN LA PIÈCE PENDANT TON TOUR.
LES RÈGLES SONT STRICTES...
J'ADOUBE !
OUI !
TU NE PEUX PAS CONTINUER À ÊTRE AUSSI INSOUCIANT.
BON, JE VAIS DE NOUVEAU T'EXPLIQUER À MA FAÇON COMMENT ON UTILISE LES PIÈCES.
CETTE PIÈCE-LÀ, C'EST LE ROI.
ÇA, JE LE SAIS !
LUI, ON LE RECONNAÎT GRÂCE À LA CROIX QUI EST SUR SA COURONNE.
LE BUT DU JEU EST DE MATER LE ROI DE L'ADVERSAIRE.
OUI, DANS BEAUCOUP DE CAS.

ÇA, C'EST LE FOU.
"BISHOP" EN ANGLAIS, CE QUI VEUT DIRE "ÉVÊQUE".
ENSUITE...
ÇA, C'EST UNE TOUR.
C'EST LA PIÈCE LA PLUS FORTE
APRÈS LA DAME.
À L'ORIGINE DANS LE JEU PERSAN, IL S'AGISSAIT D'UN CHAR, "RUKH", QUI A ÉTÉ TRADUIT EN ANGLAIS PAR "ROOK".
EXACT, TU AS UNE BONNE MÉMOIRE !
ENSUITE, LA DAME.
FAIBLE À L'ORIGINE, C'EST MAINTENANT LA PIÈCE LA PLUS FORTE DU JEU.
C'EST CELLE QUI A LE PLUS ÉVOLUÉ DANS L'HISTOIRE DES ÉCHECS.

VOICI LE CAVALIER.
AH ! C'EST LA PIÈCE FAVORITE D'HARMONY...
EN ANGLAIS, ON L'APPELLE "KNIGHT" (LE CHEVALIER).
CETTE PIÈCE A DONC LA FORME D'UN CHEVAL.
C'EST LA SEULE PIÈCE QUI PEUT SAUTER PAR-DESSUS UNE AUTRE.
LE PION, C'EST UNE PIÈCE FAIBLE, MAIS IMPORTANTE !
PARCE QUE QUAND UN PION ATTEINT LA HUITIÈME RANGÉE...
IL PEUT SE TRANSFORMER EN UNE AUTRE PIÈCE DE SON CHOIX, À PART LE ROI !
HÉ HÉ
TRANSFORMATION
SE TRANSFORMER...
OK... ON PEUT AUSSI DIRE ÇA COMME ÇA...
BON.
POUR PLACER LES PIÈCES...
ON COMMENCE TOUJOURS PAR LE ROI ET LA DAME...

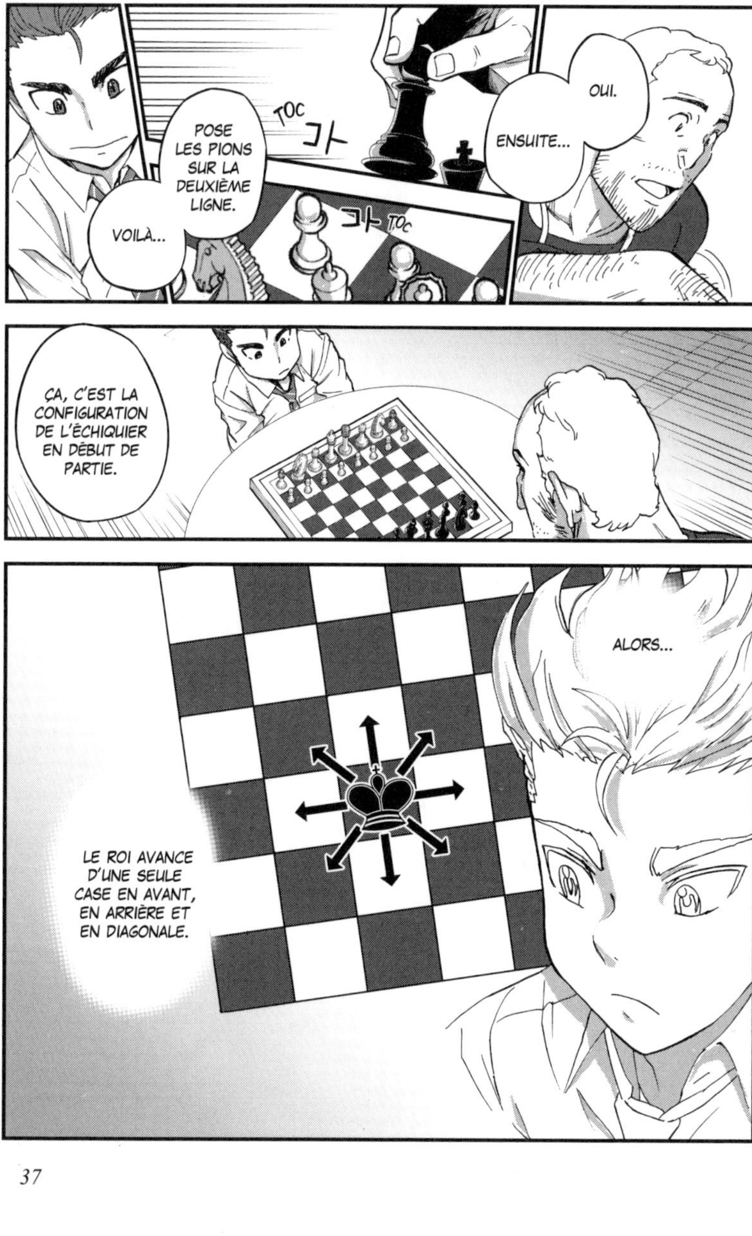
VOILÀ...
POSE LES PIONS SUR LA DEUXIÈME LIGNE.
TOC
TOC
OUI.
ENSUITE...
ÇA, C'EST LA CONFIGURATION DE L'ÉCHIQUIER EN DÉBUT DE PARTIE.
ALORS...
LE ROI AVANCE D'UNE SEULE CASE EN AVANT, EN ARRIÈRE ET EN DIAGONALE.

LA DAME EST LIBRE D'AVANCER D'AUTANT DE CASES QUE L'ON VEUT, DANS TOUTES LES DIRECTIONS.
LA TOUR, C'EST AUTANT DE CASES QUE L'ON VEUT, À L'HORIZON-TALE ET À LA VERTICALE.
JE TE RAPPELLE QUE C'EST LA PLUS FORTE APRÈS LA DAME.
QUANT AU FOU, IL SE DÉPLACE AUSSI LOIN QUE L'ON VEUT EN DIAGONALE.

ET LE PION,
IL NE PEUT AVANCER QUE D'UNE CASE, VERS L'AVANT.
C'EST VRAI. MAIS IL A AUSSI UN DÉPLACEMENT SPÉCIAL !
JE TE L'EXPLIQUERAI EN PRATIQUE.
LE CAVALIER, LUI...
SE DÉPLACE EN L ET PEUT SAUTER PAR-DESSUS D'AUTRES PIÈCES.
DANS CERTAINS CAS, IL PEUT ÊTRE UN DANGER MÊME POUR LA DAME.
EH BIEN...
ZWIP
SERRE

ARG... IL M'A EU !
ÉCHEC ET MAT !
BONNE PARTIE !
AH...
BONNE PARTIE !
TU ES VRAIMENT FORT, LAURENT.
IMBAT-TABLE MÊME...
BIEN ÉVIDEM-MENT !
MAIS JE TRAVAILLE DUR AUSSI !
BON, PAS AUTANT QU'HARMONY,
HÉ HÉ HÉ
フフン
おお——っ!
OOOH !
AH NON, PAS DE ÇA PENDANT UNE VRAIE PARTIE !
JE SAIS...

カチャ CLAC
BONJOUR !
HÉ
BONJOUR TOUT LE MONDE !
SALUT, HARMONY !
TU ES SÛRE QUE ÇA IRA ? QUELQU'UN D'AUSSI DOUÉ QUE TOI...
AVEC UN ADVERSAIRE DÉBUTANT COMME MOI ?
MAIS OUI, ÇA VA ME RAPPELER LE TEMPS OÙ J'ÉTAIS DÉBUTANTE, QUAND J'APPRENAIS À JOUER.
カタン CLAC
MERCI, HARMONY... C'EST TELLEMENT GENTIL...
コト TOC
コト TOC
QUAND J'AI DÉBUTÉ... J'AI MOI AUSSI ÉTÉ AIDÉE PAR DES PROFESSEURS D'UN NIVEAU AVANCÉ.

* FÉDÉRATION INTERNATIONALE DES ÉCHECS.

HARMONY...
CE QU'ELLE EST ÉLÉGANTE...
QUAND ELLE SE TIENT COMME ÇA,
ON DIRAIT VRAIMENT UNE REINE...
GRR
ピク..
GRR
ピク
HÊ !
UN MOIS PLUS TARD.

TOM ! RÉVEILLE-TOI ! CE N'EST PAS UNE CHAMBRE ICI !
ふぁー
WAAH
MOUI...
ハハハハ
HA HA HA
AH LÀ LÀ... IL S'ÉTAIT POURTANT ENFIN DÉCIDÉ À VENIR EN COURS...
IL RESTE UN MOIS...
ON NE PEUT PAS APPRENDRE LES ÉCHECS SI FACILEMENT, C'EST ABSURDE.
JE VAIS T'ÉCRASER SOUS LES YEUX D'HARMONY.

BZZ HUM
OK
LE PION, ICI....
BZZ HUM
HUM BZZ
ÇA COMMENCE À DEVENIR INTÉRESSANT...
JE VAIS...
LUI RÉGLER SON COMPTE !!
Les Galettes de Jean-Marc
COMMENT ÇA SE PASSE AVEC LE JEUNE HOMME, PATRON ?
EST-CE QU'IL VA...
POUVOIR GAGNER ?

ÇA... JE N'EN SAIS RIEN...
MAIS CE QUI EST SÛR...
C'EST QUE CE GARÇON EST...
HÉ HÉ
INTÉRESSANT...
SA MANIÈRE PARTICULIÈRE D'ENTRER DANS L'UNIVERS DES ÉCHECS M'AMUSE.
HUM
HUM

EN CE MOMENT-MÊME,
JE SUIS SUR LE CHAMP DE BATAILLE...
JE VAIS DÉPLACER LES PIÈCES... ENCORE ET ENCORE...
ET COINCER LE ROI !
TOC
ÉCHEC ET MAT !
OUAIS !

BLITZ

Chapitre 3 : Le combat du pion

BONJOUR, LAURENT.
BONJOUR, CLARA. TOI AUSSI TU ES LÀ DE BONNE HEURE AUJOURD'HUI.
J'AVAIS BESOIN D'ALLER À LA BIBLIOTHÈQUE... J'AVAIS COMMANDÉ UN LIVRE QUI M'INTÉRESSAIT ET IL EST ARRIVÉ.
COMMANDÉ ? SI TU VOULAIS LE LIRE À CE POINT POURQUOI TU NE L'AS PAS ACHETÉ ?
ÇA SERAIT DU GASPILLAGE ! SI J'ACHETAIS TOUT CE DONT J'AVAIS ENVIE, IL NE ME RESTERAIT PLUS D'ARGENT DE POCHE.
ON PEUT COMMANDER TROIS LIVRES PAR MOIS, ÇA ME PERMET DE LIRE DES NOUVEAUTÉS.

* CLUB D'ÉCHECS

...
IL NE PREND PAS LES ÉCHECS AU SÉRIEUX, ALORS JE VAIS LE LUI FAIRE REGRETTER !
CETTE PRESSION EST PARFAITE POUR LUI !
QUELLE PRESSION ! TOM EST DÉBUTANT, NON ? VOUS EXAGÉREZ, LÀ !
HOP
OUI, M'SIEUR SOUMILLON !
TOM ! IL PARAÎT QUE TU VAS PARTICIPER À UN MATCH D'ÉCHECS ?
BON COU-RAGE !
IL ARRIVE MÊME À ME BATTRE PARFOIS... ENFIN, À CHAQUE FOIS.
LAURENT EST TRÈS FORT.
OUAIS !
MERCI ! VOUS ALLEZ VOIR, JE VAIS PRENDRE VOTRE REVANCHE !

JE COMPTE SUR TOI POUR ÉCRASER CE FAYOT DE LAURENT !
CLAP
パチーン
JE VAIS ALLER VOIR LE MATCH !
ALORS TOM, C'EST POUR VENDREDI APRÈS LES COURS ? C'EST COOL CE QUE TU FAIS !
CHESS BATTLE
...
C'EST QUOI CE POSTER...
PAS MOYEN QUE JE PERDE...
CHESS BATTLE
VENDREDI 23 JUIN, 13H
PETIT AUDITORIUM
LE PRINCE DES ÉCHECS LAURENT
VS
TOM
LE MÉGA DÉBUTANT

Les Galettes de Jean-Marc
TOM... C'EST LE GRAND JOUR.
MONTRE-LUI TOUT CE QUE TU AS APPRIS !
JOUR DU MATCH
BAM
BON COURAGE !
MERCI ! JE VAIS TOUT DONNER !
...

LES ÉCHECS, C'EST DU SÉRIEUX.
BATTRE LE PRÉSIDENT DU CLUB EN DÉBUTANT TOUT JUSTE,
MÊME APRÈS DEUX MOIS D'ENTRAÎNEMENT INTENSIF, ÇA VA ÊTRE COMPLIQUÉ.
MONSIEUR ! NE VOUS INQUIÉTEZ PAS, ON S'OCCUPERA DU RESTAURANT CET APRÈS-MIDI.
ALLEZ ASSISTER AU MATCH. VOUS DEVEZ ÊTRE CURIEUX DE VOIR COMMENT VOTRE PROTÉGÉ VA S'EN SORTIR, NON ?
OH...
BON... JE COMPTE SUR VOUS... MERCI.
VOUS ALLEZ POUVOIR ENTRER DANS L'ÉCOLE ?
SANS PROBLÈME. UN PROFESSEUR AVEC QUI JE JOUE AUX ÉCHECS POURRA ME FAIRE ENTRER.
Les Galettes de
TIENS DONC !
UN MATCH D'ÉCHECS ?

C'EST ÇA. LE PETIT AUDITORIUM A ÉTÉ PRÊTÉ AU CLUB D'ÉCHECS.
HM... ILS UTILISENT N'IMPORTE QUEL PRÉTEXTE POUR FAIRE PARLER DE LEUR CLUB...
ON SE DOUTE BIEN DE QUI VA GAGNER, MAIS ÇA DEVRAIT ÊTRE INTÉRESSANT.
ワイ
BLA
LES ÉCHECS ? CONNAIS PAS.
C'EST INTÉRESSANT. J'AI APPRIS À Y JOUER AVEC MON GRAND-PÈRE QUAND J'ÉTAIS PETIT.
ET SI ON ALLAIT VOIR !
LAURENT A L'HABITUDE DE LA COMPÉTITION, MAIS JE SUIS CURIEUX DE VOIR CE QUE VA FAIRE TOM.
ÇA VA BIENTÔT COM-MEN-CER...
...

BROUHAHA
ワイ
ワイ
ワイ
BROUHAHA
ワイ
ワイ
ワイ
ワイ
ワイ
BLA
BLA
ワイ
ワイ
BLA
BLA
ふー!…
FHH
スタ
TAP
スタ
TAP
!

TIENS...
!
C'EST MON CAVALIER PORTE-BONHEUR...
HEIN ?
J'Y TIENS BEAUCOUP ALORS JE NE PEUX PAS TE LE DONNER, MAIS JE TE LE PRÊTE.
... POURQUOI ?

MERCI...
GRÂCE À TOI, LES ÉCHECS ONT GAGNÉ EN POPULARITÉ À L'ÉCOLE.
C'EST LA PREMIÈRE FOIS QUE JE VOIS QUELQU'UN DE SI MOTIVÉ.
PRENDS-LE...
!
LES VOILÀ !

パチ...
CLAP
パチ
CLAP
CLAP
パチ
パチ パチ
CLAP
パチ
CLAP
パチ
CLAP
CLAP
パチパチ
パチ
SHHH...
TOM A LES NOIRS.
LAURENT JOUERA LE PREMIER AVEC LES BLANCS.
LE MATCH COMMENCE QUAND LES NOIRS APPUIENT SUR START.
HOP

BONNE PARTIE...
BONNE PARTIE À TOI AUSSI.
SERRE
SERRE
GLOUPS
カチ CLIC

コ
BAM
ッ
C'EST PARTI !
MON PREMIER MATCH...
カチ
CLIC
1.25
カチ
CLIC
コト
TOC
カチ
CLIC
カチ
CLIC
コト
TOC
コト
TOC
OH...
コトッ
TOC
...

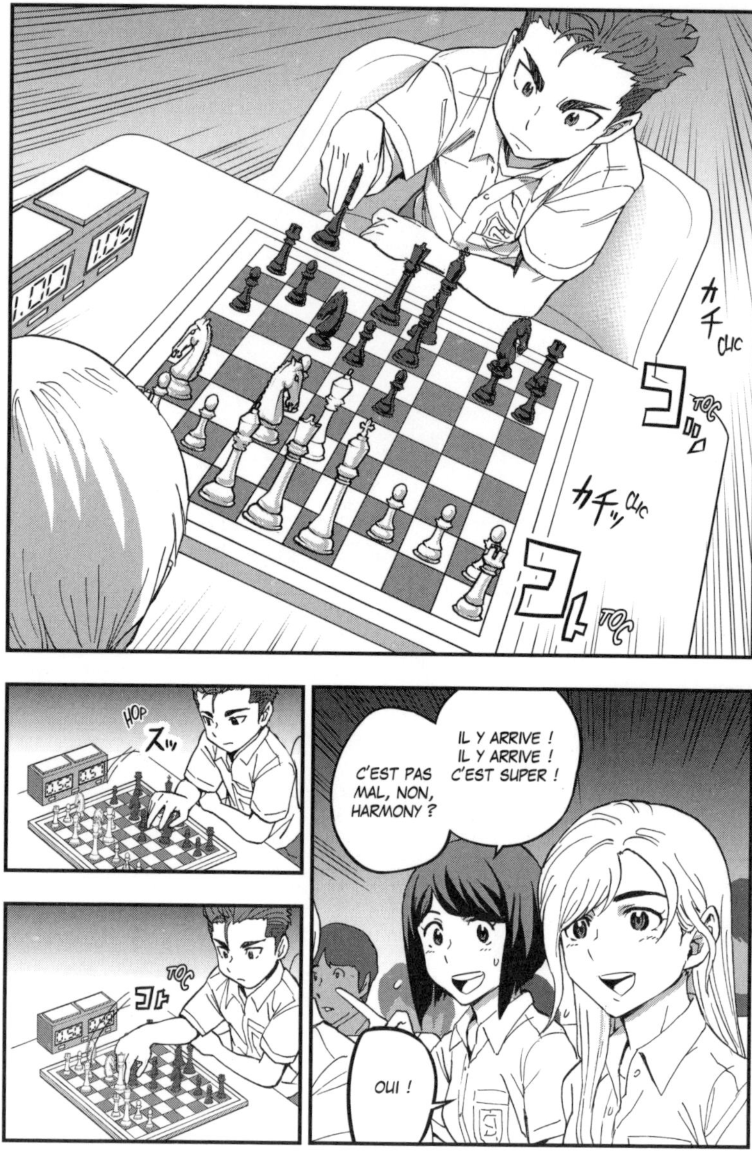
カチ
CLIC
コッ
TOC
カチッ
CLIC
コト
TOC
IL Y ARRIVE ! IL Y ARRIVE ! C'EST SUPER !
C'EST PAS MAL, NON, HARMONY ?
OUI !
ズッ
HOP
コト
TOC

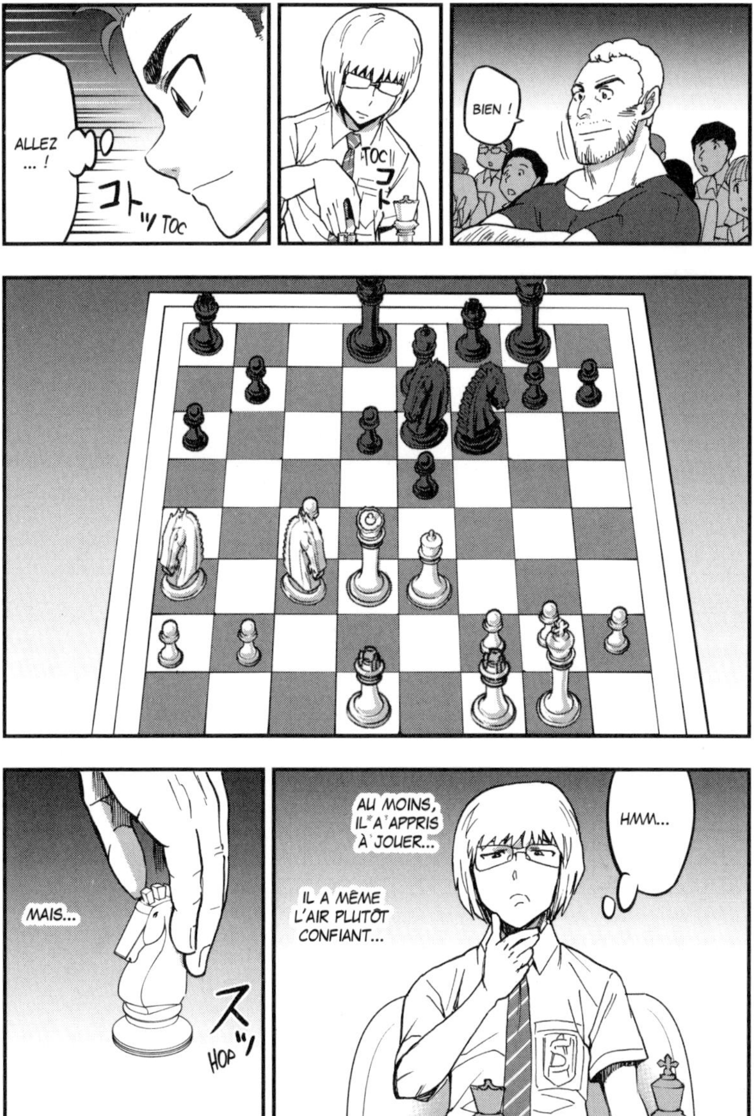
BIEN !
TOC コト
ALLEZ ... !
コトッ TOC
HMM...
AU MOINS, IL A APPRIS À JOUER...
IL A MÊME L'AIR PLUTÔT CONFIANT...
MAIS...
スッ HOP

C'EST JUSTE...
LA CHANCE DU DÉBUTANT !!
TOC
... !
S'IL RIPOSTE PAR UN COUP QUE JE NE CONNAIS PAS...
JE NE SAURAI PAS COMMENT ME DÉFENDRE...!
TOC
TOC
ÇA N'ANNONCE RIEN DE BON...
J'VOIS RIEN !
UNE FOIS QU'ON COMMENCE À ÊTRE SOUS PRESSION, IL EST DIFFICILE DE REMONTER.
CROC

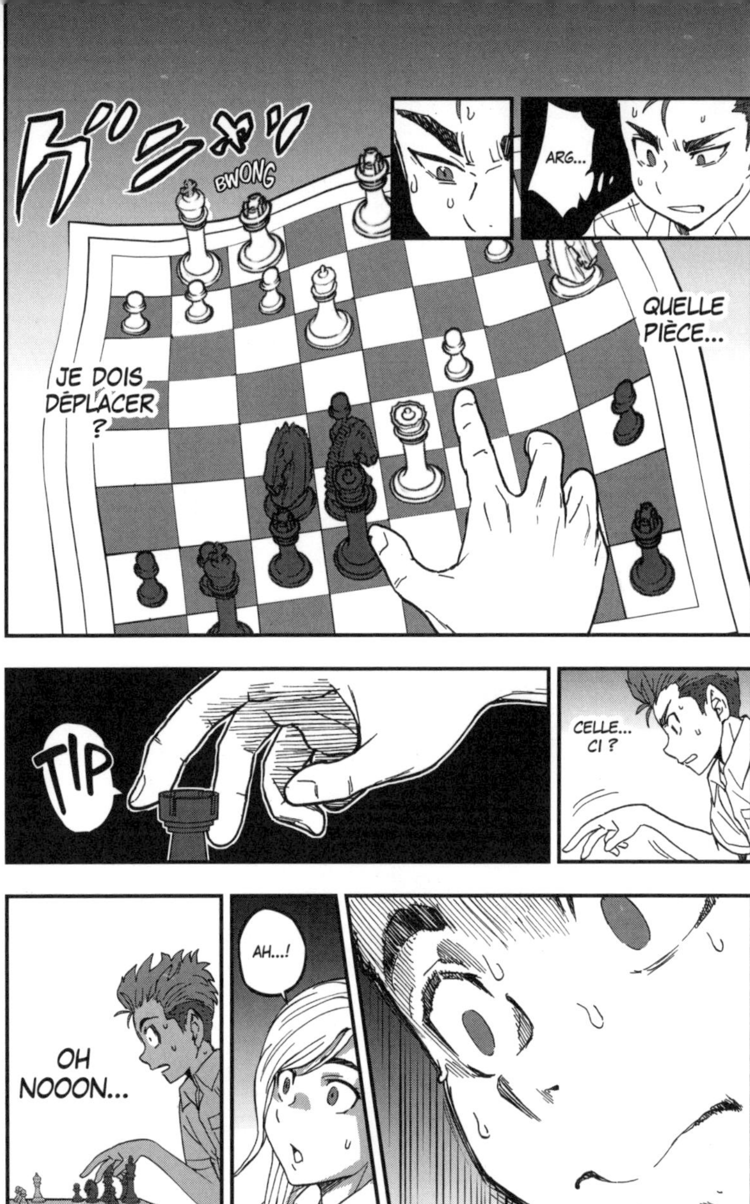
BWONG
ARG...
QUELLE PIÈCE...
JE DOIS DÉPLACER ?
CELLE... CI ?
TIP
AH...!
OH NOOON...

HIN !
TOM ! LORSQUE L'ON TOUCHE UNE PIÈCE, IL FAUT LA JOUER !
C'EST LA RÈGLE !
JE LE SAIS...
ÇA !
TOC
NON...
BROUHAHA
PAS CETTE PIÈCE...
C'EST FINI...
BLA
BLA

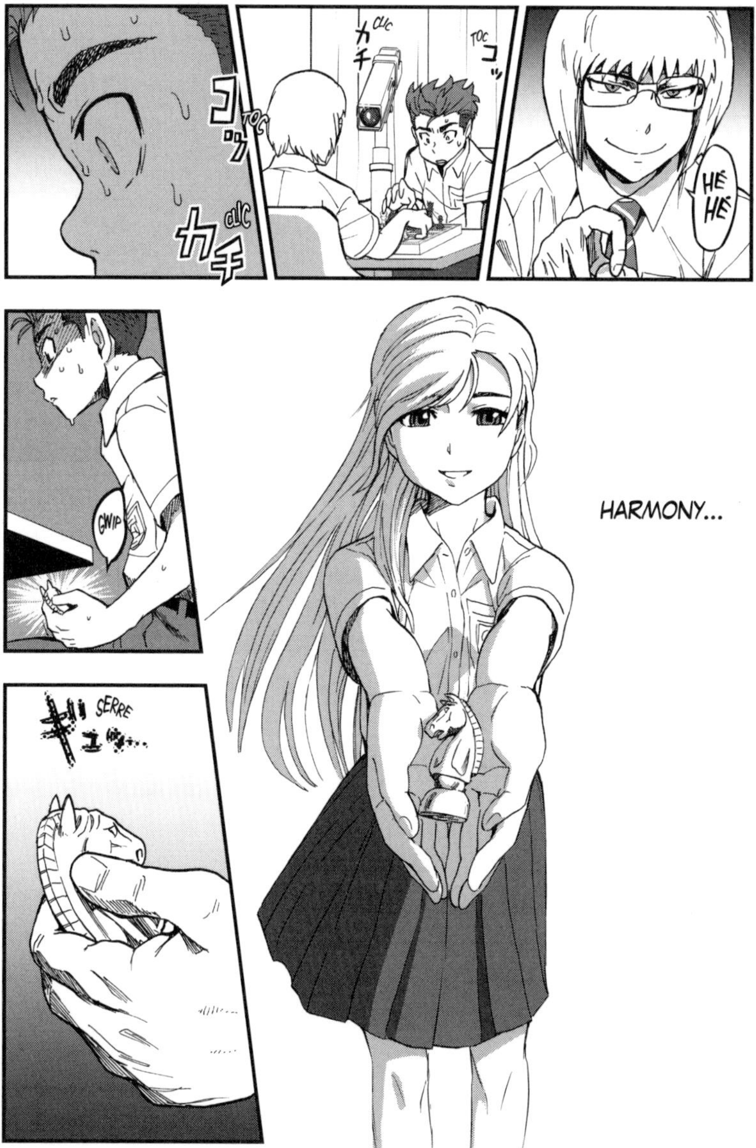
HÉ HÉ
TOC
コッ
CLIC
カチ
TOC
コッ
CLIC
カチ
HARMONY...
GWIP
SERRE

TOC
ÉCHEC ET MAT !

DOMMAGE, HEIN...
TU AS PERDU !
WAAAH
QUELLE CLASSE !
パチパチ
パチ
CLAP CLAP
OUAIS !
EN FAIT, C'EST UN ART MARTIAL CÉRÉBRAL !
パチ
パチ
CLAP CLAP
BRAVO, LAURENT !
BIEN JOUÉ ! C'EST COMME ÇA QU'ON ÉCRASE LA VERMINE !
IL AVAIT PAS VRAIMENT LE NIVEAU D'UN ENNEMI !
パチ
パチ CLAP
HIN HIN
HIN

クス HIN
クス HIN
QUEL NAZE !
N'IMPORTE QUOI.
HÉ, VOUS !
NOUS AVIONS BIEN DIT QUE C'ÉTAIT UN JEU DANS LEQUEL IL FAUT UTILISER SON CERVEAU !
ドッ
HA !
VOUS VOYEZ : NOUS AVONS TOUS DES POINTS FORTS ET DES POINTS FAIBLES.
ハハハハ
HA HA HA
TOM...
CLAP
ガタン
タッ
BAM
...

BLA
BLA
ゾロ
ゾロ
ワイ
BON BEN... IL A PERDU...
ワイ
BLA
BLA
ワイ
CECI DIT...
IL N'AVAIT QUE DEUX MOIS, HEIN ?
IL A QUAND MÊME DU POTENTIEL ! C'ÉTAIT UN BON MATCH.
... OUI...
J'ESPÈRE JUSTE QU'APRÈS ÇA... IL NE VA PAS ARRÊTER...

BLITZ

Chapitre 4 : Le chemin du cavalier

HÉ, TOI !
GWIP
ATTENDS UN PEU, T'AS UN PROBLÈME ?!
DÉSOLÉ...
PAF
HÉ ! T'AS PAS RÉPONDU !
TAP
TAP TAP
AT-TENDS !
LÂCHE-MOI !!
PAF
AH... !

ENFOI-
RÉ...
NE LE LAISSEZ PAS S'ÉCHAPPER...
HÉ ! ARRÊ...
BAM
PAF
LAIS-
SEZ-
MOI...
TRAN-
QUILLE !!
BAM

AH...
ギュッ...
GWIP

HARMO...
NY...
AH...
GWIP
HÉ ! MAIS QU'EST-CE QUE TU SERRES DANS TA MAIN ?
PAS... ÇA...
GWI
GWI
N...
NON...
HUM ?
HA !
VLAN
JE VOIS...
TU Y TIENS TANT QUE ÇA ?
HOP
HOP

YAAAAH
HA HA HA
ギャハハハ…
ALLEZ, SALUT !
CRÊ-TIN !
NON…
AH…
AH…

C'EST MON CAVALIER PORTE-BONHEUR...
J'Y TIENS BEAUCOUP.
HA
HA
CE PORTE-BONHEUR EST SI IMPORTANT... POUR HARMONY...
FRSH
HA
HA
FRSH
FRSH
FRSH
HA
IL EST PAS LÀ...
HA
ICI NON PLUS...
HA
HA
HA
DANS LE... CANAL...

!
TOM !!
MAIS QU'EST-CE QUE C'EST QUE ÇA ?! PASSE PAR L'ENTRÉE DE SERVICE.
...
CLAC
VA PRENDRE UNE DOUCHE ET CHANGE-TOI... TU ES VRAIMENT DANS UN SALE ÉTAT...
TU ME RACONTERAS QUAND TU SERAS UN PEU PLUS PRÉSENTABLE.

JE VOIS... C'ÉTAIT IMPORTANT.
ÇA VA ÊTRE IMPOSSIBLE DE LA RETROUVER DANS LE CANAL.
...
TU N'AS PLUS QU'À ALLER T'EXCUSER COURAGEU-SEMENT. C'ÉTAIT SON TRÉSOR, HEIN ?
DES EXCUSES... NE SUF-FIRAIENT PAS...
C'EST VRAI... UN TEL TRÉSOR EST IRREM-PLAÇABLE.
MAIS...

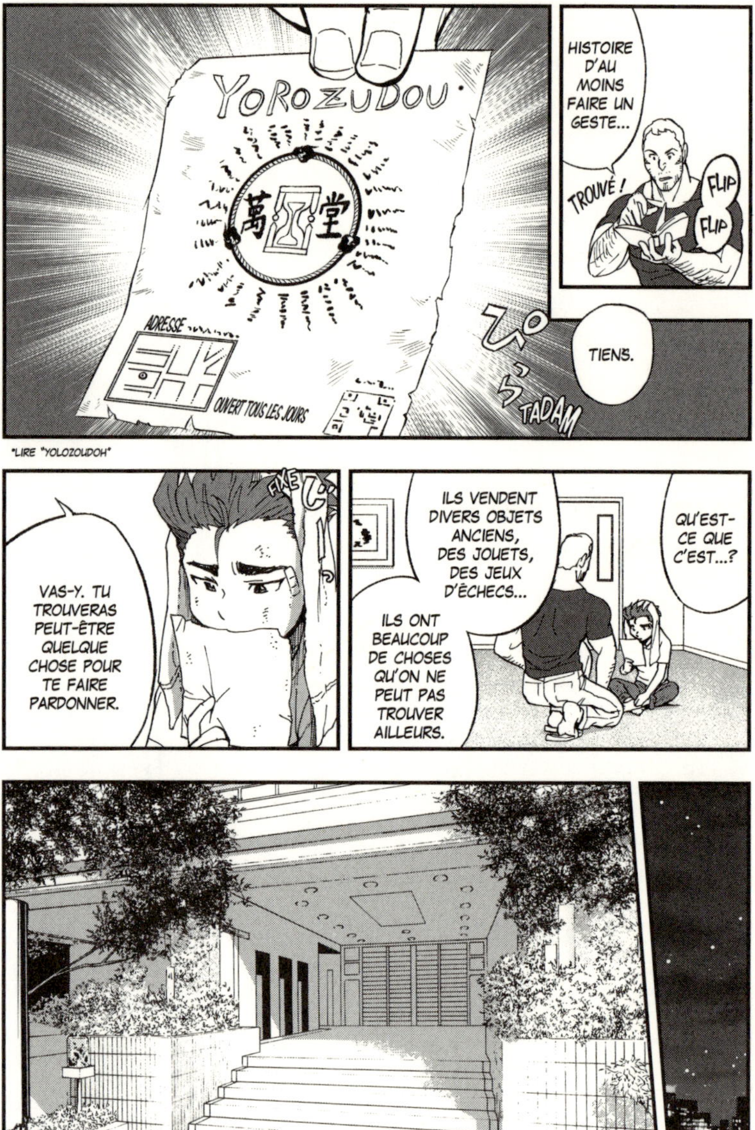

*LIRE "YOLOZOUDOH"

JE ME DEMANDE SI TOM... DORT TOUJOURS...
AAH!
J'AI BIEN DORMI !
TAP トタ
TAP トタ
VOYONS...
LE JOURNAL, LE JOURNAL...
TIENS ?
LES CHAUSSURES DE TOM NE SONT PAS LÀ.
IL S'EST LEVÉ TÔT POUR UN JOUR DE REPOS. JE ME DEMANDE OÙ IL A BIEN PU ALLER.
ゴォォォ
VOOOM
タタン TAGADAM
タタン TAGADAM

ジャリ..
TAP
萬堂
IL EST SÉRIEUX ?
BROOO
OOOO

CLING CLING
カランコロンカラン
カチャ
CLAC
ボーン…
DONG
ボーン…
DONG
HO HO HO
ボーッボッボッボッ
キョロ
FWIP
キョロ
FWIP
CUI CUI CUI
WAH... BIZARRE...
VRAIMENT TROP ÉTRANGE...
OH...
SHH
ÇA... ÇA RESSEMBLE À DES ÉCHECS, MAIS...
VOUS CHERCHEZ QUELQUE CHOSE ?
ボゥ…
BOOO
AH !

CE JEU VOUS INTÉRESSE, JEUNE HOMME ?
MAAOU
HA HA HA
VITE VITE
NON, EUH... JE CHERCHE...
DES PIÈCES D'É-CHECS...
DES ANCIENNES, EN BOIS... TRÈS BELLES...
FWIIII
スーーーッ...
JE VOIS... C'EST TRÈS SPÉCIFIQUE, DIS-MOI.
HM...
C'EST QUOI CETTE DÉMARCHE !?
はっはっはっ
HA HA HA
カタン
TOC
CLAC
コトッ
IL ME SEMBLE QUE J'EN AVAIS...
MAIS PAS DU GENRE ABORDABLE POUR UN GAMIN.

C'EST CHER... LES PIÈCES D'ÉCHECS ?
スウー...
EN EFFET, LES OBJETS DE QUALITÉ SONT CHERS. NORMAL, NON ?
COMBIEN... COÛTENT-ELLES ?
ARGH
DANS CES EAUX-LÀ...
HOP くるっ
AHHH
COMBIEN DE ZÉROS... 1... 2... 3... 4...
AH... AH...
TIENS, TIENS.
ÉCHEC ET MAT... ?

ÉCHEC ET MAT !
TOC
PERDU !
J'AI PAS RÉUSSI À GÉRER LE MANQUE D'ESPACE !
POUR MOI, C'EST PRESQUE UNE DÉFAITE INSTANTA-NÉE !
IL NE RESTE PLUS QUE LAURENT.
CHUT, LA PARTIE N'EST PAS TERMINÉE.

HM HMM...
PAS DE TEMPS À PERDRE À RÉFLÉCHIR.
...
0.10
1.02
IL NE ME RESTE QUE DIX MINUTES...
JE ME LANCE !
BAM

CELLE-CI !!
CLIC カチ
ÉCHEC ET MAT !
AH !
AH !
CLIC カチ

J'AI PERDU.
JE TROUVE QUE TU AS BIEN JOUÉ JUSQU'AU DERNIER DE TES DÉPLACEMENTS.
MAIS... JE N'AI PAS PU GAGNER, TU ES VRAIMENT FORTE, HARMONY.
OUAIS OUAIS
MOI, JE POURRAI JAMAIS LA RATTRAPER.
...
TIENS, HARMONY ! DE L'EAU.
QUELQUE CHOSE TE PRÉOCCUPE ?

MERCI...
TOC
コト…
TU ES INQUIÈTE...
POUR TOM ?
... OUI.
TU SAIS...
EN SEULEMENT DEUX MOIS, IL A ÉTÉ CAPABLE D'ACQUÉRIR UNE BONNE MAÎTRISE DES BASES DES ÉCHECS...
TOC
コト…
TOC
コト…
MAIS EN PLUS, IL A RÉUSSI À LES RENDRE POPULAIRES.

C'EST LA PREMIÈRE FOIS QUE JE VOIS AUTANT DE MONDE PASSIONNÉ PAR LES ÉCHECS À L'ÉCOLE.
AVOIR DES AMIS QUI PARTAGENT SA PASSION, C'EST IMPORTANT.
C'EST VRAI...
MÊME UNE SEULE PERSONNE DE PLUS, ÇA COMPTE.
PFFF...
MON ARGENT DE POCHE NE SUFFIRA PAS...
DIS-MOI... TU VEUX JOUER AUX ÉCHECS, C'EST ÇA ?
EUH ...

NON...
C'EST PAS POUR Y JOUER...
MAIS TU AS COMMENCÉ À Y JOUER...
スウーッ FW
BAH... J'Y JOUE PLUS.
CLONK
CLONK
TU EN ES SÛR ?
?!
スッ FW
QUE DIRAIS-TU DE ÇA... ?

GWI
ざわ…
BRAOUM
QUAND ON RENCONTRE LES ÉCHECS...
C'EST UNE HISTOIRE DE DESTIN.

BLITZ

QUAND ON RENCONTRE LES ÉCHECS,
C'EST UNE HISTOIRE DE DESTIN.
ÇA A L'AIR CHER, CE TRUC... JE PEUX PAS L'ACHETER.
NE T'IN-QUIÈTE PAS POUR ÇA.
JE TE LA PRÊTE.
QUOI !?
SON NOM EST...
"CAÏSSA".

Chapitre 5 : Caïssa

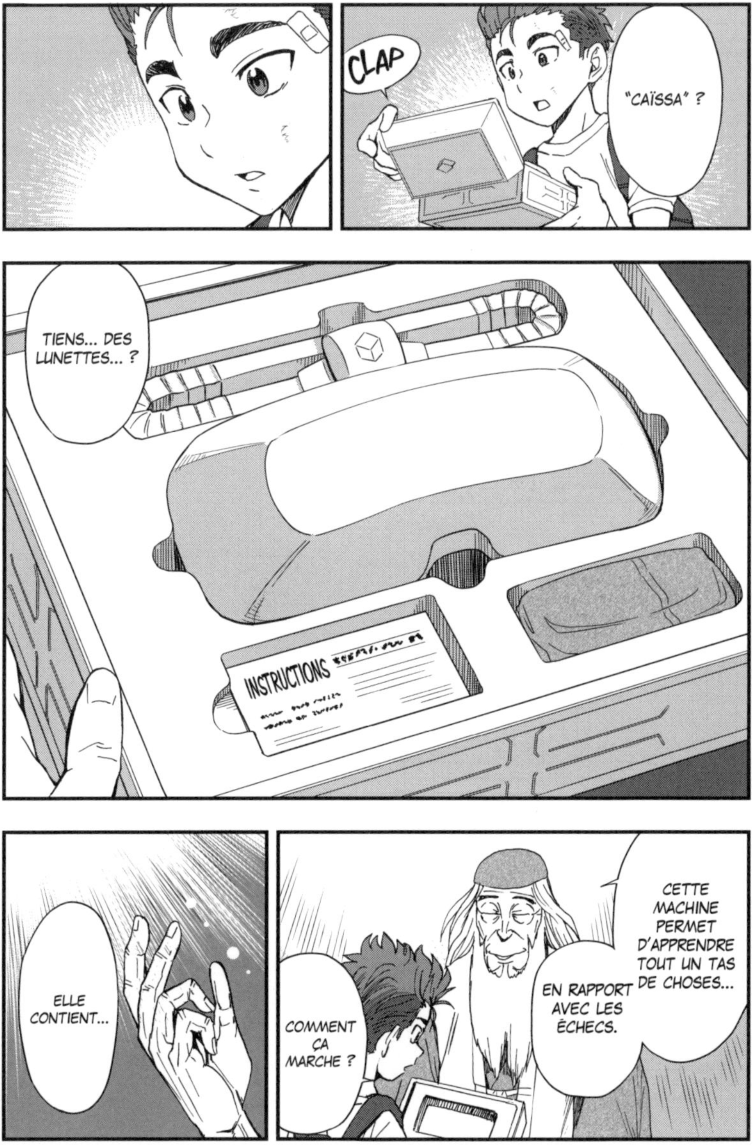
CLAP
"CAÏSSA" ?
TIENS... DES LUNETTES... ?
INSTRUCTIONS
ELLE CONTIENT...
CETTE MACHINE PERMET D'APPRENDRE TOUT UN TAS DE CHOSES...
EN RAPPORT AVEC LES ÉCHECS.
COMMENT ÇA MARCHE ?

LES DONNÉES DES MEILLEURS JOUEURS DU MONDE ENTIER, AINSI QUE CELLES DE PARTIES CÉLÈBRES.
!
Y A AUSSI DES MATCHS ?
OUI.
DANS UN SI PETIT OBJET !?
HA HA HA
C'EST UNE MACHINE INTELLI-GENTE.
ELLE POURRA T'APPRENDRE BEAUCOUP À TRAVERS LES PARTIES D'ÉCHECS.
MAIS QU'EST-CE QU'ELLE FAIT DANS UNE BOUTIQUE D'ANTIQUITÉS ?
ELLE Y A SA PLACE, CROIS-MOI.

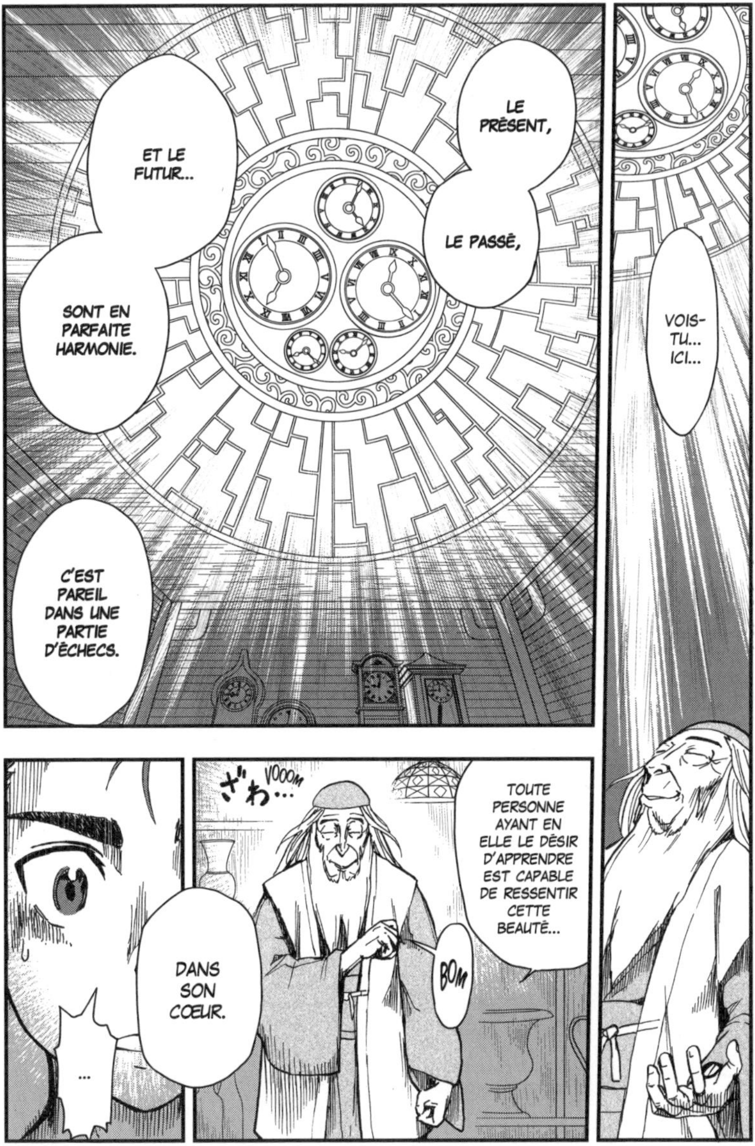

VOIS-TU... ICI...
LE PRÉSENT,
LE PASSÉ,
ET LE FUTUR...
SONT EN PARFAITE HARMONIE.
C'EST PAREIL DANS UNE PARTIE D'ÉCHECS.
TOUTE PERSONNE AYANT EN ELLE LE DÉSIR D'APPRENDRE EST CAPABLE DE RESSENTIR CETTE BEAUTÉ...
BOM
DANS SON COEUR.
ざわ VOOOM...
...

ALLEZ... EMMÈNE-LA.
ELLE TE PLAÎT, NON ?
MERCI ! JE VAIS L'ESSAYER CHEZ MOI !
タタッ
TAP TAP
バタン
CLAC
カラン
CLING
カラン
CLING
HA HA HA...

CLAC
TIENS !
TOM, TU ES RENTRÉ ?
TU DOIS AVOIR FAIM ! LE DÎNER EST PRÊT !
JE MANGERAI PLUS TARD.
OÙ AS-TU PASSÉ LA JOUR...
C'EST QUOI, CETTE BOÎTE ?
UN TRUC QUE J'AI EMPRUNTÉ À UN AMI.
C'EST UN CASQUE DE VR POUR S'EXERCER AUX ÉCHECS... OU UN TRUC DU GENRE.
OH ! AUX ÉCHECS...

TU T'Y ES DONC VRAIMENT MIS.
J'AI VU DES LIVRES SUR LES ÉCHECS DANS TA CHAMBRE, MAIS ÇA M'A SEMBLÉ IMPROBABLE.
AH, TU LES AS VUS...
JE VOULAIS CHANGER TES DRAPS, JE N'AI PAS PU FAIRE AUTRE-MENT.
トタ トタ
TAP TAP
BIEN, BIEN.
JE VOIS... LES ÉCHECS...
BAH QUOI ?
TON PÈRE ÉTAIT ASSEZ FORT, TU SAIS.
HEIN ?
PAPA... JOUE AUX ÉCHECS !?
CES DERNIERS TEMPS, IL EST SOUVENT ABSENT AVEC SON EMPLOI DE NAVIGATEUR ET IL N'EN A PLUS TROP L'OCCASION...
MAIS AVANT IL JOUAIT SOUVENT CONTRE UN VIEIL AMI SUISSE.
ÇA ME FAIT PLAISIR QUE TU T'Y METTES AUSSI.
AH OUAIS...
AH,
JE VAIS DEVOIR SORTIR, J'AI UNE RÉUNION.
PAS DE PROBLÈME, J'AI L'HABITUDE DE MANGER SEUL.
トタトタ
TAP TAP

DÉSOLÉE ! N'OUBLIE PAS DE FERMER LES FENÊTRES !
バタン
VLAM
TOM
JE SAIS, JE SAIS. PAS BESOIN DE LE DIRE À CHAQUE FOIS, JE SUIS PLUS UN GAMIN !
BIEN SÛR QUE SI !
バタン
CLAC
VROUM
IL SE BAGARRE JE NE SAIS OÙ... ET IL ME RACONTE QU'IL EST TOMBÉ... AH LÀ LÀ...
METTRE LES GANTS SPÉCIAUX...
Y A QUE DES INSTRUCTIONS SIMPLES ÉCRITES LÀ-DESSUS.
COMMENT L'ALLUMER ET L'ÉTEINDRE, C'EST TOUT...

FLIP
VOM
GN!!
EST-CE QUE CE TRUC... VA FONCTION-NER ?
VOM
Ready to Go!
VOM
VOOM
AH... C'EST DE LA VR.
Les Galettes de Jean-Marc
OUI, LA VISUALISATION EN 3D EST AUSSI SUPER INTÉRESSANTE POUR LES JEUX DE SOCIÉTÉ EN LIGNE ET LES ÉCHECS.
ÇA NE FONCTIONNE PAS AVEC UN SIMPLE ÉCHIQUIER ?
C'EST VRAI QUE TOI, SOUMILLON, TU T'ES MIS À LA 3D ET À LA VR IL Y A LONGTEMPS.
MOI, JE CONSIDÈRE ENCORE LES ÉCHECS COMME UN JEU ANALOGIQUE.

MÊME LE GRAND KASPAROV PARLE DE SON ESTIME POUR LES NOUVELLES TECHNOLOGIES DANS SES PRÉSENTATIONS.
NOUS ALLONS BIENTÔT ENTRER DANS UNE NOUVELLE ÈRE DES ÉCHECS.
CE N'EST PAS ÉVIDENT DE FAIRE ÇA.
N'EMPÊCHE, IL Y A UN GROS POTENTIEL D'ÉVOLUTION SUR LE SUJET DANS LE FUTUR.
ÇA PROUVE QU'IL A ENTIÈREMENT CONFIANCE EN SES CAPACITÉS.
C'EST COURAGEUX POUR UN GRAND CHAMPION
D'OUVRIR AINSI LA PORTE À L'IA CONTRE LAQUELLE IL A JOUÉ D'ÉGAL À ÉGAL.
SOUMILLON, CONTRAIREMENT À MOI, TU NE JOUES AUX ÉCHECS QUE SUR ORDINATEUR, N'EST-CE PAS ?
J'AI VU QU'IL Y AVAIT SUR INTERNET UN SITE OÙ ON PEUT SE CONFRONTER À UNE IA. TU AS ESSAYÉ ?

OUI, J'ESSAIE CONTINUEL-LEMENT DE LA BATTRE.
TING
TU ESSAIES CONTINUEL-LEMENT... ?
MAIS ALORS IL N'A ENCORE JAMAIS RÉUSSI À GAGNER !
HA HA
HA HA
PAS BESOIN DE LE DIRE DE MANIÈRE SI ABRUPTE...
DÉSOLÉ, DÉSOLÉ ! ALLEZ, BOIS UN COUP. C'EST DU CIDRE DE CHEZ MOI.
GLOU GLOU GLOU
BAH... C'EST COMME ÇA.
OH !
CONSIDÈRE ÇA COMME UN REMERCIEMENT POUR M'AVOIR PERMIS DE PASSER LA SÉCURITÉ DE L'ÉCOLE ! BOIS-EN PLEIN !
...
PSCHIIII
TOM NE VA PROBABLEMENT PLUS JOUER AUX ÉCHECS...
EN TANT QUE PROFESSEUR CONSEILLER DU CLUB D'ÉCHECS, ÇA M'ATTRISTE UN PEU...

LA PROCHAINE FOIS, ON DEVRAIT ESSAYER DE JOUER EN LIGNE.
BONNE IDÉE !
TCHIN
チン
ET C'EST LÀ QU'IL SE FAIT LAMINER PAR TOM...
BAH !
IL A ATTEINT CE NIVEAU EN SEULEMENT DEUX MOIS
ET J'AI REMARQUÉ QU'IL Y AVAIT PRIS GOÛT.
JE PENSE QU'IL VA REVENIR QUAND ON NE S'Y ATTENDRA PLUS.
J'AIMERAIS BIEN QU'IL CONTINUE...
J'AI L'IMPRESSION QU'IL EST SPÉCIAL.
OOOH !

PFUIIII
MOVIE
SPORTS
VOOM
BOOKS
GAME
WORLDNE
VOOM
WAOUH...
VOYONS VOIR... ÉCHECS... ÉCHECS...
SWIP
SWIP
SWIP
HOP
E-BOOKS
Article
IL Y A DES JEUX, ÉVIDEMMENT...
MAIS AUSSI DES E-BOOKS ET DES ARTICLES DANS LE MENU.
TAC
TAC
TAC
interview
interview
Kasparov
INTERVIEW
POM
OH !
C'EST KASPAROV... LE JOUEUR DONT HARMONY PARLAIT...
BVOOM

GARRY KASPAROV...
A LA CAPACITÉ DE LIRE DANS "L'ESPRIT" DE SES ADVERSAIRES...
QUOI...
DANS L'ESPRIT... !?
EN TOUT CAS C'EST CE QUE L'ON DIT.
IL PEUT DEVINER LE PROCHAIN COUP DU JOUEUR ADVERSE UNIQUEMENT EN OBSERVANT...
SES MOINDRES TICS.
ILS SONT PLUSIEURS À DIRE LA MÊME CHOSE... !
C'EST GÉNIAL !

LIRE DANS L'ESPRIT DE SES ADVERSAIRES...
C'EST VRAIMENT SUPER CLASSE !
Kasparov
BROOO
ゴロ ゴロ
ゴロ ゴロ
ゴゴ..
BROOO
ゴゴ..
BROOO
ゴロ ゴロ ゴロ
ゴロ..
PLIC
ポツ ポツ
PLIC
BROOO
ゴロゴロ..
IL PLEUT ? LES FENÊTRES DE LA MAISON !
ガタ PLOC
PLOC ガタ
BON... ÇA DEVRAIT ALLER... TOM Y EST.
PLOC ガタ
カタ PLOC カタ
ガタ PLOC
ゴロロ..
VOOOM
ゴロ..

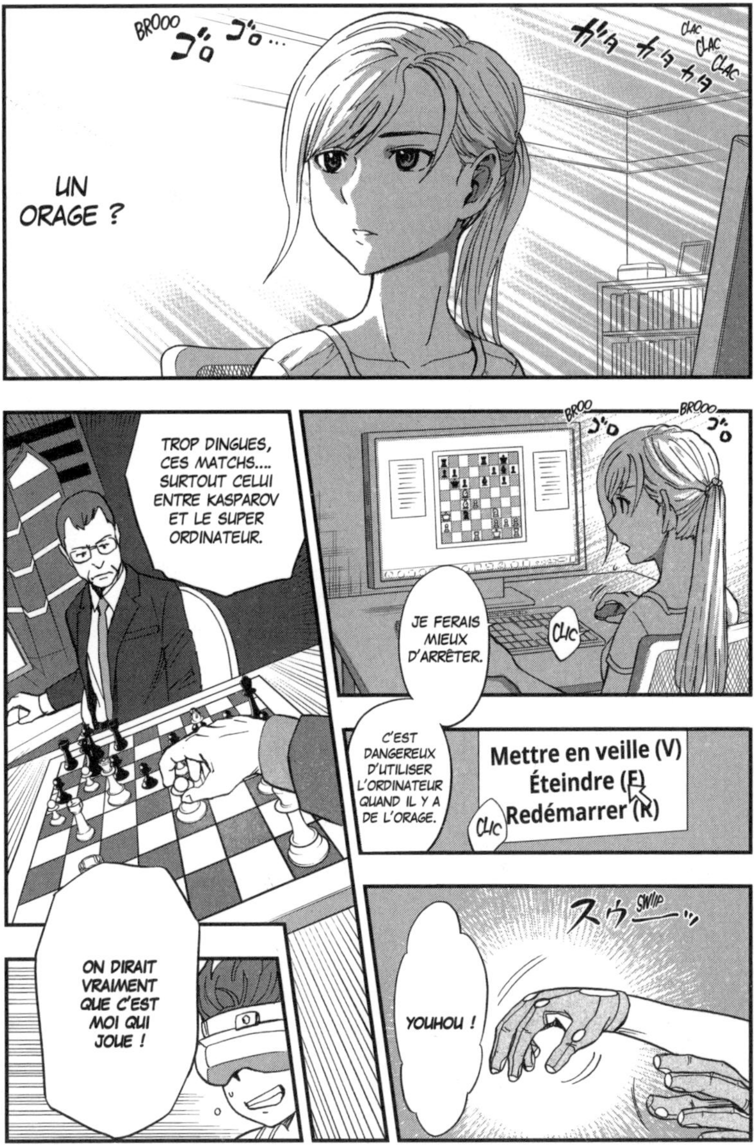
BROOO
ゴロ ゴロ…
ガタ カタ カタ
CLAC CLAC CLAC
UN ORAGE ?
BROO ゴロ
BROOO ゴロ
TROP DINGUES, CES MATCHS.... SURTOUT CELUI ENTRE KASPAROV ET LE SUPER ORDINATEUR.
JE FERAIS MIEUX D'ARRÊTER.
CLIC
C'EST DANGEREUX D'UTILISER L'ORDINATEUR QUAND IL Y A DE L'ORAGE.
Mettre en veille (V)
Éteindre (F)
Redémarrer (R)
CLIC
ON DIRAIT VRAIMENT QUE C'EST MOI QUI JOUE !
スウーッ
SWIIP
YOUHOU !

PLUS JE REGARDE SES MATCHS...
PLUS JE SAISIS SON GÉNIE...
PETIT À PETIT...
JE COMPRENDS... DES CHOSES...

BOUM
AAAH !?
VLAM
CLING
VLAAAM

BROOO
CLING

ド
BOUM
サ
ジュウウ…
SHHH
...
ゴロ
ゴロ
BROOO
BROOO
ゴロ…
OUH LÀ LÀ !
IL ÉTAIT VIOLENT, CET ÉCLAIR !
MAAOU

BLITZ

TOM...
TOM !
!!

Chapitre 6 : Le pion 2.0

QUOI ?!
TU PARLES FORT, MAMAN !
TOM ! QUEL SOULAGEMENT...
JE N'AI PAS PARLÉ SI FORT QUE ÇA, TU SAIS ?
ON EST OÙ ?
À L'HÔPITAL, TU AS FAIT UN MALAISE...
ET TU ES RESTÉ INCONSCIENT TOUTE LA NUIT.
OH !
TOC
コッ
PARFAIT ! JE VOIS QUE TU ES RÉVEILLÉ !
CLIC
カチ
ALORS...

CLIC
POUR LE MOMENT... JE NE VOIS AUCUNE ANOMALIE À L'ÉCRAN.
EST-CE QUE TU AS DES SYMPTÔMES ?
HMM...
EST-CE QUE TU AS MAL QUELQUE PART ?
NON.
TU TE SENS ENGOURDI ?
NON, PAS SPÉCIALEMENT.
FIXE

MAMAN EST SUPER INQUIÈTE...
FAUT QUE JE LA RAS-SURE !
JE VAIS VRAIMENT BIEN, MAMAN ! PAS LA PEINE DE PRÉVENIR QUI QUE CE SOIT, OK ?
QUOI !?
AH... !
AH BON ?
TU M'AS FAIT PEUR À T'EXCLAMER D'UN COUP...
...
!

VRAIMENT, ÇA VA, JE VOUS DIS. PAS BESOIN D'EXAMEN, JE VAIS RENTRER CHEZ MOI TOUT DE SUITE.
!
DIS DONC...
TOM...
SALLE DE RÉUNION
RIEN DE PARTICULIER N'APPARAIT AU SCANNER, NI À L'IRM.
JUSTE UN PEU D'EXCITA-TION, MAIS LES ONDES CÉRÉBRALES ONT UN RYTHME NORMAL.

MAIS J'AI L'IMPRESSION QU'IL DEVINE CE QUE JE RESSENS.
TOUT À L'HEURE AUSSI, IL M'A DIT DE NE PRÉVENIR PERSONNE...
ALORS QUE D'HABITUDE, CE GENRE DE CHOSE EST LE CADET DE SES SOUCIS.
LE CHOC ÉLECTRIQUE L'A PEUT-ÊTRE RENDU SENSIBLE.
IL NE FAUDRAIT PAS QU'UN PROBLÈME SE DÉCLARE PAR LA SUITE.
NOUS ALLONS LE GARDER UNE SEMAINE À L'HÔPITAL POUR OBSERVATION.
SI BESOIN, NOUS VOUS METTRONS EN CONTACT AVEC UN NEUROLOGUE SPÉCIALISTE DES NERFS CRÂNIENS.
MERCI.

ボウーッ
VOOOM
JE...
JE CROIS QUE JE COMMENCE À MIEUX COMPRENDRE...
うずHM
うずっHM
FLAP
ガバッ
LES ÉCHECS ... !
C'EST LES ÉCHECS ! IL FAUT QUE JE JOUE AUX ÉCHECS !
GN!!
うずっ
LES ÉCHECS !!

TOM !?
À CAUSE DE LA FOUDRE ?
OUI, J'AI ENTENDU DEUX PROFS QUI PARLAIENT DE ÇA ENTRE EUX.
ILS DISAIENT QU'IL SERAIT ABSENT PENDANT UNE SEMAINE...
L'ORAGE DE L'AUTRE SOIR...
IL N'EST PAS BLESSÉ MAIS L'HÔPITAL LE GARDE QUELQUES TEMPS POUR SURVEILLER SON ÉTAT.
C'EST IN-QUIÉTANT... HEIN ?
OUI, APRÈS TOUT CE QU'IL S'EST PASSÉ...
C'EST TOUT CE QUE JE SAIS. À QUI ON POURRAIT S'ADRESSER POUR EN SAVOIR PLUS ?
EH BIEN... DANS CE CAS...

ET SI ON DEMANDAIT À M. DOYLE ! IL ÉTAIT MÊME VENU VOIR LE MATCH !
IL AURA PEUT-ÊTRE QUELQUE CHOSE À NOUS DIRE SUR L'ÉTAT DE TOM.
BONNE IDÉE !
UN ORDINATEUR ?
AH NON. TU SAIS BIEN QUE TU ES CENSÉ TE REPOSER.
HEIN ?
ZWIP ZWIP
ゴロン ゴロン
OUIIIIN...
JE M'ENNUIE À MOURIR ! SI J'AI RIEN POUR ME DIVERTIR, JE VAIS M'ÉCHAPPER !
ALLEZ ALLEZ ALLEZ
TOM... !
HÉ !

FUIP
BAM
ALORS COMME ÇA ON MENACE SA MÈRE À L'HÔPITAL ? SALE GOSSE.
JEAN-MARC !
HÉ HÉ ! JE L'AI INFORMÉ DE TON HOSPITALISATION.
JE VAIS CHERCHER DU CAFÉ. MERCI, JEAN-MARC.
CLAC
COMME JE NE T'AVAIS PAS VU DEPUIS UN MOMENT, J'AI CONTACTÉ TA MÈRE.
CE N'EST PAS ELLE QUI M'A APPELÉ POUR TOUT ME RACONTER. SACHE-LE.
FIXE

JE VAIS BIEN, JE N'AI MAL NULLE PART.
HA HA HA ! J'AVAIS L'AIR SI INQUIET QUE ÇA ?
OUI.
TU ES À LA COOL ICI, NON ?
VU QUE JE SUIS À L'HÔPITAL, JE RESTE TRANQUIL-LE...
MAIS JE M'ENNUIE À MOURIR !
CLAP
S'IL TE PLAÎT, JEAN-MARC !
TU PEUX DEMANDER À MAMAN DE M'APPORTER MON ORDINATEUR ?
...

JE T'AI APPRIS LES RÈGLES DES ÉCHECS.
JE ME SUIS OCCUPÉ DE TOI LORSQUE TU ÉTAIS COUVERT DE PLAIES.
FWIP ぴっ
FWIP ぴっ
FWIP ぴっ
ET MAINTENANT L'ORDINATEUR...
ÇA FAIT TROIS FAVEURS QUE TU ME DOIS !
MERCI JEAN-MARC !
JE M'EN OCCUPE !
HA HA HA
PUISQU'IL INSISTE...
IL EST LÀ !!!
DAM
TA

PROMETS-MOI DE L'ÉTEINDRE POUR DORMIR, D'ACCORD ?
OUI OUI, MAMAN !
BON, JE REVIENS TE VOIR DEMAIN.
N'EN FAIS PAS TROP.
OK.
ぼそっ
MM
MERCI.
タン…
CLAC

NDT : TOM SE PRONONCE "TOMOU" EN JAPONAIS, CE QUI SE TRANSCRIT "TOMU" EN LETTRES ROMAINES.

OH !
TING
...
J'AI DÉJÀ UNE DEMANDE DE MATCH... HÉ HÉ !
C'EST PARTI !
TAP
TAP
OOOOOO-OOH ... !!
OH ?
OH...

LES ÉCHECS...
LES ÉCHECS... !
...
TAP TAP カチ カチ
ES.
F4.
CLIC CLIC トントン
LES ÉCHECS... !!

GWIP
MUTO...
GRRR
... !
C'EST QUI, CELUI-LÀ ?
IL EST FORT !!!
TROP COOL !

DANS CE MONDE, ON CRÉE UN ROYAUME...
ON JOUE SELON SA STRATÉGIE... ET ON GAGNE !
CE N'EST PAS QU'UNE BATAILLE EN 2D...
C'EST SANS LIMITE !

ÉCHEC ET MAT !
TOC
ARGHH !
YOU LOSE
FUII
じーん…
UN PRO... OUI, C'EST SÛR.
HAA...
QU'EST-CE QUE C'EST AGRÉABLE... DE GAGNER !
J'Y CROIS PAS...
GNIIK
ギシ…
IL EST TRÈS FORT...
C'EST SANS DOUTE...

カタ TAP
カタ TAP
カタ TAP
カタ TAP
...
Je suis fan ! Vive Muto9
Muto98 est super fort !!!
La naissance d'une étoile !!
Je me demande qui est ce M
Muto98 est vraiment trop fort !
Où étiez-vous jusqu'à
HM...
INTÉRESSANT.
DEMAIN...
JE VAIS M'AMUSER UN PEU AVEC CE JOUEUR.

Muto98
WIN!
IL EST TRÈS FORT... CE JOUEUR.
JE ME DEMANDE CONTRE QUI
トフ... POF
JE VAIS BIEN POUVOIR JOUER DEMAIN.
DEMAIN...
DEMAIN...

TOM !
TU JOUES BEAUCOUP SUR L'ORDINATEUR.
MÊME À L'HÔPITAL ON ME MATERNE...
SI TA TEMPÉRA-TURE AUGMENTE, TU DEVRAS RESTER ICI PLUS LONG-TEMPS.
JE SAIS !
HÉ HÉ HÉ...
TAP TAP
"BURAN"...
NAME
Buran
RANK
AAA
210 VICTOIRES
2 DÉFAITES
OH, UNE DEMANDE DE MATCH !
TING
TIENS, SON PALMARÈS...
WAOUH ! IL A L'AIR FORT... IL EST SUPER BIEN CLASSÉ...
ALLEZ, J'ACCEPTE ET JE VERRAI BIEN...
CLIC
ACCEPTER

TING
Muto98 a accepté.
Muto98さんが受けました。
IL A ACCEPTÉ.
EH BIEN...
FUU
VOOOM
AU CHAMP DE BATAILLE !

BOM

C'EST PARTI !

BLITZ

*SALLE DES INFIRMIÈRES

Chapitre 7 : AICE

AH, LES ÉCHECS... UN DES PATIENTS DONT JE M'OCCUPE Y JOUE AUSSI SUR ORDINATEUR TOUS LES JOURS.
ET... ÇA NE LE FATIGUE PAS ?
NOUS DEVRIONS GARDER UN ŒIL SUR EUX.
OUI.
MONSIEUR DOYLE !

HI HI
きゃらんっ☆
EST-CE QUE JE PEUX VOUS PARLER ?
HEIN ?
チェス
JEAN-MARC ?
* CLUB D'ÉCHECS
OUI. TU LE CONNAIS, NON ? C'EST LE MEC DU RESTO "LES GALETTES DE JEAN-MARC", À KAGU-RAZAKA.
LA CRÊPERIE ? OUI, JE LE CONNAIS.
IL EST PROPRIÉTAIRE DU RESTAURANT. C'EST UN AMI DE LA FAMILLE DE TOM, ALORS IL DEVRAIT AVOIR DES INFORMATIONS.
VRAIMENT ?!

JE SUIS DÉSOLÉ, MAIS JE NE SUIS PAS HABILITÉ À DIVULGUER DES INFORMATIONS CONCERNANT LA VIE PRIVÉE DES ÉLÈVES.
VOUS DEVRIEZ VOUS RENSEIGNER À LA CRÊPERIE DE JEAN-MARC.
MONSIEUR DOYLE
EST UN PROFESSEUR MODÈLE...
OUI !
JE COMPRENDS, MERCI. J'Y VAIS !
...
コン TOC
TOC コン
SE DÉCONNECTER
METTRE EN VEILLE
ÉTEINDRE
REDÉMARRER
CLIC
HM...
ATTENDS ! JE TE SUIS. J'AI BIEN ENVIE D'ALLER MANGER UNE GALETTE, ÇA FAIT LONG-TEMPS !

CLAC
CE JOUEUR... BURAN... IL EST TRÈS FORT...
BON ! TOM, JE VAIS TE FAIRE TA PRISE DE TEMPÉRATURE ET DE TENSION DE L'APRÈS-MIDI.
HÉ ! TIENS-TOI TRANQUILLE ! ÇA FAIT MONTER TA TENSION ARTÉRIELLE... AH LÀ LÀ !
HMM !...

C'EST L'HEURE DU REPAS.
AH... VIVE-MENT QUE JE SORTE...
POC
... TOUT ÇA...
すーーーん...
PFFF
C'EST BON POUR LA SANTÉ MAIS... DU POISSON BLANC...
DES LÉGUMES MIJOTÉS...
DES ALGUES...
J'AI ENVIE DE MANGER DE LA VIANDE...
しく しく
SNIF SNIF
ぼそっ...
MM...
LA VIANDE COMMENCE À ME MANQUER...
ENCORE UN PEU DE PATIENCE, KARL.

TU DEVRAIS TE MÉNAGER, AU LIEU D'ALLUMER TON ORDINATEUR EN PLEINE NUIT POUR ÉTUDIER...
DÉSOLÉ.
TU ES VRAIMENT MATURE POUR UN COLLÉGIEN, KARL.
SACHE QU'ICI, TOUT SE VOIT.
SI TU NE FAIS PAS PLUS ATTENTION, TU VAS RECHUTER. N'OUBLIE PAS QUE TU ES ICI SUITE À L'AGGRAVATION D'UN SIMPLE RHUME...
J'AI ÉTÉ IMPRU-DENT.
JE VAIS MANGER.
OUI, BONNE IDÉE.

DÈS QUE J'AI FINI DE MANGER, JE REPRENDS MON MATCH !
JE FAIS CE QUE J'AI À FAIRE, PUIS JE ME RECONNECTE.
...
Les Galettes de Jean

TIENS, TIENS, QUELLE SURPRISE !
TOM A BIEN DE LA CHANCE D'AVOIR UNE SI JOLIE FILLE QUI S'INQUIÈTE POUR LUI ! HA HA HA !
ELLE EST BELLE, N'EST-CE PAS ? ET MOI ?
EST-CE QUE TOM VA BIEN ?
ET... ET MOI ?
BON, ENTREZ. PARLONS AUTOUR D'UNE GALETTE.
PLOC
PLOC
PLOC
PLOC
PLOC

ALORS, TOM VA BIEN...
OUI, IL N'A AUCUNE SÉQUELLE PHYSIQUE.
CLING CLING
TANT MIEUX... NOUS ÉTIONS INQUIÈTES.
SLURP
ズゾゾゾ
GLOU GLOU
BEURK
うげーっ…
BAH, APRÈS UN MATCH AUSSI TENDU... ALLEZ-DONC LUI RENDRE VISITE.
ひょ
SWIP
OUI, MERCI BEAU-COUP.
TAP
トン
TAP
トン
トトン
TAP
JE COMPRENDS DE MIEUX EN MIEUX...
ボウ…
HOUUU

C'EST COMME SI JE VOYAIS L'ADVERSAIRE...
EN FACE DE MOI.
...
IL NE RESTE QUE PEU D'OUVER-TURES...
IL Y A DE MOINS EN MOINS DE CHOIX POUR L'ÉCRASER !
CALME-TOI...
FHHH...

JE NE VAIS PAS ÊTRE DÉSTABILISÉ...
POUR SI PEU.
JE VAIS CONTINUER À JOUER MES COUPS AVEC CALME,
AUSSI FROID QUE LA GLACE.
JE SUIS NÉ AU KAMTCHATKA,
DANS LE FROID GLACIAL.
CE FROID EST MA FORCE...
QUAND JE FRAPPE.
BAM

!?
BRRR
HOUUU
CE FROID ?!
UUU
C'EST LA PREMIÈRE FOIS QUE JE RESSENS QUELQUE CHOSE COMME ÇA... LA PERSONNALITÉ...
ON PEUT À CE POINT SENTIR LA PERSONNALITÉ DE SON ADVERSAIRE AUX ÉCHECS !
MAIS ALORS...
JE ME DEMANDE...
COMMENT S'EXPRIME MA PERSONNALITÉ !

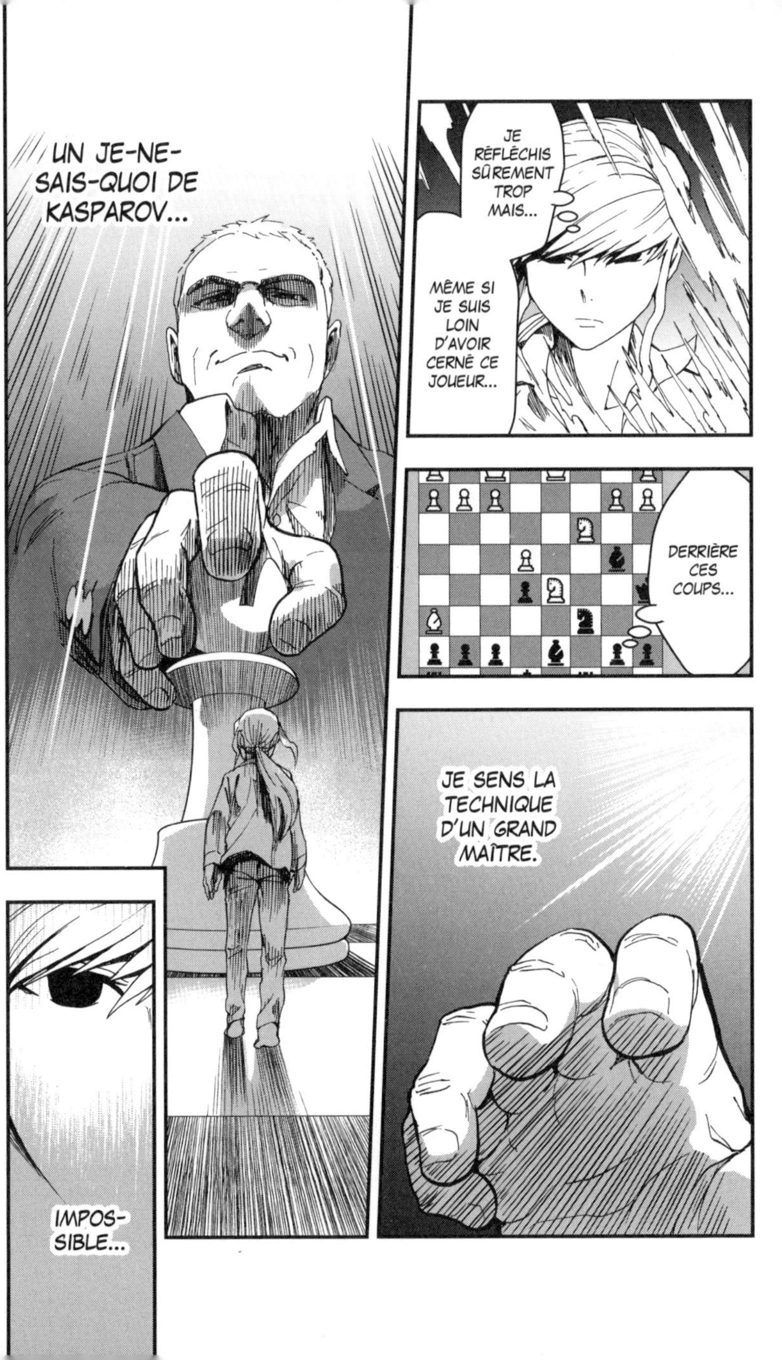
JE RÉFLÉCHIS SÛREMENT TROP MAIS...
MÊME SI JE SUIS LOIN D'AVOIR CERNÉ CE JOUEUR...
DERRIÈRE CES COUPS...
JE SENS LA TECHNIQUE D'UN GRAND MAÎTRE.
UN JE-NE-SAIS-QUOI DE KASPAROV...
IMPOSSIBLE...

OOOOH !
OH LÀ LÀ...
CES DEUX JOUEURS SONT IMPRESSIONNANTS.
WAOUH... ON DIRAIT UN MATCH DE PROS ! QUELLE TENSION !
JE RECONNAIS CE STYLE DE JEU... EST-CE QUE L'UN DES DEUX NE SERAIT PAS LE JEUNE CHAMPION KARL ISAAKOVICH ?
JE SENS COMME UNE RÉACTION...
DANS CHACUNE DE MES MAINS.
J'AI LA SENSATION QUE MES CAPACITÉS S'ÉVEILLENT UN PEU PLUS À CHAQUE COUP.

C'EST COMME SI TOUT D'UN COUP... J'AVAIS ACCÈS...
AUX CONNAISSANCES QUE J'AVAIS VUES DANS "CAÏSSA"...
LE LENDEMAIN
ROLL
TIENS, VOILÀ QUELQU'UN... SANS DOUTE UNE INFIRMIÈRE.
OU QUELQU'UN QUI VIENT FAIRE LE MÉNAGE...
TAP
TAP
TAP

SHLAK
WAH !
TADAM ! ON VIENT TE RENDRE VISITE ♡
TOM !
ÇA VA ?
TOUT LE MONDE S'INQUIÈTE POUR TOI, À L'ÉCOLE.
HARMONY...
JE...
À VRAI DIRE...
JE DOIS TE PRÉSENTER DES EXCUSES...

TON... PRÉCIEUX CAVALIER...
JE L'AI PERDU LORS D'UNE BAGARRE STUPIDE...
... !
PAR-DON !!
...
JE TENAIS BEAUCOUP À CE CAVALIER...
... !

IL ÉTAIT TRÈS IMPORTANT...
JE SUIS VRAIMENT DÉSO...
MAIS
IL Y A QUELQUE CHOSE DE PLUS IMPORTANT ENCORE POUR MOI.
MES CAMARADES D'ÉCHECS.

SI TU DEVIENS UN DE MES COÉQUIPIERS AUX ÉCHECS,
JE N'AURAI RIEN PERDU.
TU SAIS, JE TE CONSIDÈRE DÉJÀ COMME UN ÉQUIPIER.

HARMONY...
MOI, UN ÉQUIPIER...
ALORS QUE J'AI PERDU SON CAVALIER PORTE-BONHEUR...
TU VAS CONTINUER DE JOUER AUX ÉCHECS, N'EST-CE PAS ?
DE TOUTE FAÇON, ON NE TE LAISSERA PAS ABANDONNER.
HA... HA HA...

VLAF
がばっ
JE VAIS FAIRE MON MAXIMUM AVEC VOUS !
OUI ! BATTONS-NOUS TOUS ENSEMBLE !
ILS SONT MIGNONS, TOUS LES DEUX...
HI HI !
EXCUSEZ-MOI ! JE VAIS NETTOYER LA CHAMBRE, POUVEZ-VOUS ALLER DANS LE HALL UN MOMENT ?
AH, D'AC-CORD.
BON, ON VA TE LAISSER POUR AUJOURD'HUI.
TAP
TAP
JE VOUS ACCOMPAGNE JUSQU'À L'ASCEN-SEUR.

HEIN ?
ATTENDS UN PEU, LE TEMPS QUE JE TERMINE LE MÉNAGE.
TOI...
KARL... !
KARL ISAAKOVICH !

AH... !
HEIN ? C'EST QUI ?
C'EST LE CHAMPION JUNIOR !
KARL ISAAKOVICH, L'HÉRITIER ÉCHÉQUISTE
JE L'AI VU DANS UN MAGAZINE SUR LES ÉCHECS !
UN CHAMPION... JUNIOR ... !

BLITZ

Chapitre 8 : Project T

TU ES FORT... AUX ÉCHECS.
OUI, MAIS JE CROIS QUE C'EST LA PREMIÈRE FOIS QUE NOUS NOUS RENCONTRONS.
TU AS RAISON, C'EST LA PREMIÈRE FOIS QUE NOUS NOUS PARLONS EN FACE-À-FACE.
FLIIP
EN EFFET.
SI ON REGARDE MES RÉSULTATS DE MANIÈRE OBJECTIVE.
HOUU...
...

LA FROIDEUR D'UN CIEL CHARGÉ DE NEIGE... MAIS... CE N'EST PAS TOUT... C'EST COMME SI...
JE... CONNAISSAIS DÉJÀ...
CETTE SENSATION QUI ME GLACE...
C'EST...

IMPOSSIBLE.
CETTE IMPRESSION...
C'EST... IMPOSSIBLE.
KARL, LE MÉNAGE EST TERMINÉ, TU PEUX REVENIR.
MERCI.
SALUT, À BIENTÔT EN CHAMPIONNAT.
ALORS CE MEC EST CHAMPION JUNIOR...
OUI.
C'EST UN JEUNE JOUEUR QUI ATTIRE BEAUCOUP L'ATTENTION, ACTUELLEMENT.

IL PARAÎT QU'IL EST ISSU D'UNE FAMILLE RUSSE AYANT UNE LONGUE HISTOIRE DANS LE MILIEU DES ÉCHECS.
IL CONCOURT CHEZ LES JUNIORS* ALORS QU'IL N'A QUE 14 ANS. ET LES JOUEURS PLUS ÂGÉS ADMIRENT SON SANG FROID.
SON SANG-FROID ...
OUI, SUR INTERNET, SUR LES RÉSEAUX SOCIAUX, ON LE SURNOMME "AICE". C'EST LA CONTRACTION DE "ACE" ET "ICE" !
FIXE
チラリ
IL EST TROP BEAU ! ON DIRAIT... UN PRINCE !
ARF... MOI, JE SUIS PAS UN PRINCE, ÇA C'EST SÛR.
JE ME SENS PLUS PROCHE DU PION.
* CATÉGORIE JUNIOR = ENTRE 18 ET 20 ANS
DANS TOUS LES CAS, PRENDS SOIN DE TOI, ON T'ATTEND À L'ÉCOLE.
OUAIS.
3F
AU MOINS UNE CHOSE EST SÛRE : JE VAIS POUVOIR ARRÊTER DE ME FAIRE DU MOURON !
DU "MOURON"... ? ÇA VEUT DIRE QUOI ?

C'EST UNE VIEILLE EXPRESSION QU'UTILISAIT SOUVENT MON GRAND-PÈRE ET QUI SIGNIFIE "S'INQUIÉTER".
IL DISAIT "FINI LE MOURON !" QUAND QUELQUE CHOSE ALLAIT MIEUX.
FINI LE MOURON !
HA HA HA !
AH OUAIS...
UN TRUC DE VIEUX ...
ALLEZ, BON RÉTABLISSEMENT !
BYE BYE !
バイバイ♡
GWIP
AH... ♡
TU AS EU DE LA VISITE ? ELLES SONT JOLIES.
HOP
OUI...

LA PROCHAINE FOIS...
ON SE VERRA LORS D'UN VRAI CHAMPIONNAT !
CLAC
... PAS DE DEMANDE DE MATCH AUJOUR-D'HUI...
CHESS
CONTRE BURAN, ÇA S'EST TERMINÉ EN MATCH NUL...
FÉLICITATIONS, TU SORS DEMAIN !

J'AI DÉJÀ PRÉVENU TA MÈRE. UNE INFIRMIÈRE T'AIDERA POUR LE RESTE DE LA PROCÉDURE.
MERCI BEAUCOUP.
ALLEZ...
BONNE CONTINUATION POUR TES ACTIVITÉS, MAIS SOIS RAISONNABLE.
...
LE MEC QUI ÉTAIT AVEC LA CHAMPIONNE DES BENJAMINES...
SI C'ÉTAIT LUI, MON ADVERSAIRE SUR INTERNET...
NOTRE PROCHAIN MATCH SE FERA PROBABLEMENT LORS D'UN TOURNOI !

LE LENDEMAIN
APRÈS LES COURS
QU'EST-CE QUE C'EST ?
IL PARAÎT QUE GARRY KASPAROV...
VA DONNER UNE CONFÉRENCE DE PRESSE DIFFUSÉE EN STREAMING.
!
OH !
CHESS NEWS
UNE NEWS SUR LES ÉCHECS ?

MON INTUITION ME DIT...
QUE ÇA VA ÊTRE UN TRUC COOL !
PRINCIPAUTÉ DE MONACO, CÔTE MÉDITERRA-NÉENNE
NOUS AVONS RASSEMBLÉ LES JOUR-NALISTES.
SUR LA LISTE, ON PEUT VOIR DES MÉDIAS DU MONDE ENTIER.
PAF

J'AIMERAIS AUTANT QUE POSSIBLE QUE LA JEUNE GÉNÉRATION AIT ACCÈS À CETTE INFORMATION SUR INTERNET.
BIEN SÛR ! NOUS AVONS TOUT PRÉPARÉ AVEC LA SOCIÉTÉ EN CHARGE DU STREAMING. L'INFORMATION SERA DIFFUSÉE SUR TOUS LES RÉSEAUX SOCIAUX.
FORMIDABLE.
BLA ザワ...
ザワ... BLA
REGARDEZ LE DOCUMENT QU'ON NOUS A DISTRIBUÉ...
パラ FLIP
IMPRESSIONNANTS, CES SPONSORS !
QUELLE LISTE ! QUE DES GRANDES ENTREPRISES INTERNATIONALES !
MAIS CET ÉVÉNEMENT... IL N'EST PAS DESTINÉ AUX LIGUES PROFESSIONNELLES. C'EST POUR...
CHUT !
パシャ FLASH
パシャシャ FLASH
パシャ FLASH
VOILÀ M. KASPAROV.

ÇA A DÉJÀ COMMENCÉ ?
NON, PAS ENCORE. ÇA NE DEVRAIT PLUS TAR-DER.
C'EST EN EUROPE... AVEC LE DÉCALAGE HORAIRE, ÇA DOIT ÊTRE LE MATIN LÀ-BAS.
CE QUI SIGNIFIE...
QU'ILS CIBLENT PRINCIPALEMENT L'ASIE !
HA HA !
FLASH
VOUS POUVEZ PRENDRE DES MIL-LIERS DE PHOTOS, MON VISAGE SERA TOU-JOURS LE MÊME !
FLASH
FLASH

FLASH
FLASH
BIEN.
TOUT D'ABORD, JE VOUS REMERCIE D'ÊTRE PRÉSENTS ICI AUJOURD'HUI DANS LE CADRE DE CETTE CONFÉRENCE DE PRESSE.
CELA FAIT MAINTENANT DE NOMBREUSES ANNÉES QUE JE SUIS DANS L'UNIVERS DES ÉCHECS.
IL EST TEMPS POUR MOI... DE RÉFLÉCHIR À LA MEILLEURE MANIÈRE DE M'IMPLIQUER POUR LE FUTUR DE CETTE DISCIPLINE.

IL Y A BEAUCOUP DE RÉACTIONS EN LIGNE ! C'EST VRAIMENT UN HOMME IMPRESSION-NANT...
ズラ
FWIII
MAIS C'EST BIZARRE... JE ME SENS SUPER PROCHE DE LUI...
ス
FWIP
オオーッ
OOOH !
Project T
WAAH
どよっ
FWIP
CECI EST LE "T" DE "TOMORROW" (DEMAIN)...
C'EST-À-DIRE L'AVENIR !

J'AI DÉCIDÉ DE LANCER UN PROJET POUR LEQUEL JE VAIS TROUVER ET FORMER PERSONNELLEMENT DES JEUNES QUI DEVIENDRONT LES NOUVEAUX AMBASSADEURS DES ÉCHECS.
DANS CE BUT...
NOUS ALLONS ORGANISER UN TOURNOI INTERNATIONAL, L'ANNÉE PROCHAINE.

IL FAUDRA D'ABORD GAGNER UNE LIGUE DE QUALIFICATION
POUR VISER LA FINALE QUI SE DÉROULERA ICI, À MONACO, ENTRE LES JEUNES JOUEURS DU MONDE ENTIER.
OOOH
Project T
CLAP
CLAP
CLAP
CLAP
パチ
パチ
パチ
パチ
パチ
パチ
パチ
パチ
パチ
パチ

Y aura de l'argent à la clef ?!
Sérieux ?!
La légende !!!
Je vais m'inscrire !! C'est décidé !!
Les échecs ?!!
GÉNIAL ! IL A DIT QUE C'ÉTAIT POUR LES JEUNES...
OOO-OOOH !
FOR-MIDA-BLE !
HA HA ... !
ÇA VA, MONSIEUR ?
TAXI
オオオOOOH
DES SÉLECTIONS... INTERNATIO-NALES...
オオOOO...

JE SENS QUE JE VAIS M'AMUSER.
BRR
BRR
GWIP
C'EST PARTI... !
MOI AUSSI !
JE VAIS Y PARTICIPER !!

EN ROUTE POUR LES SÉLECTIONS INTERNATIO-NALES !!

BLITZ

BLITZ
SIGNIFICATION : POUR LES ÉCHECS,
JEU ÉCLAIR, CADENCE RAPIDE
BAA
AAM
DJZZZ

Chapitre 9 : En route vers les sélections !

JE SORS ENFIN...
FINI DE SE FAIRE DU MOURON !
DU MOURON...
OÙ EST-CE QU'IL A APPRIS CETTE EXPRESSION ?
JE TE L'AI DÉJÀ DIT, MAIS JE TE LE RÉPÈTE : SURTOUT, PAS DE SPORTS DANS LESQUELS TU POURRAIS TE BLESSER À LA TÊTE.
MERCI POUR TOUT.
TOM !
MERCI BEAU-COUP !
...

QU'EST-CE QUI T'ARRIVE ? TOUT VA BIEN ?
OUI, ÇA VA...
TOM, PAR ICI ! ON RENTRE EN TAXI.
OK...
OUI, IL VA UN PEU NOUS MANQUER.
IL ÉTAIT DRÔLE, CE GARÇON.
IL Y A EN EFFET LES NOTES POUR CE TRIMESTRE... JE VAIS VEILLER À CE QUE TON ABSENCE SOIT EXCUSÉE.
MERCI !
AAH——...
JE PENSAIS... À TOUT CE QUE J'AVAIS À FAIRE AVANT DE RETOURNER À L'ÉCOLE... LA SEMAINE PROCHAINE.
EN VÉRITÉ ... JE N'ARRIVE PAS À PENSER À AUTRE CHOSE QU'AUX ÉCHECS.
J'AI ENVIE DE JOUER AUX ÉCHECS ! VITE... J'AI ENVIE DE FAIRE DES MATCHS !

コト
TOC
コト
TOC
コト
TOC
チェスクラブ
* CLUB D'ÉCHECS.
GÉNIAL !
CETTE PARTIE EST PASSIONNANTE...
ト
TAP
ッ

BIEN JOUÉ.
C'EST UN CÉLÈBRE MATCH DE GARRY KASPAROV.
OUI... JE M'ENTRAÎNE.
MOI AUSSI. TU AS VU LA CONFÉRENCE DE PRESSE DE LA SEMAINE DERNIÈRE ?
OUI... J'AI TROUVÉ ÇA SUPER.
J'IMAGINE QUE TU COMPTES PARTICIPER, HARMONY.
OUI... JE SUIS SÛRE QU'IL Y AURA BEAUCOUP DE PARTICIPANTS. FAISONS DE NOTRE MIEUX !
OUI ! FAISONS DE NOTRE MIEUX !

TAP トタ
トタ TAP
TOM, QU'EST-CE QUE TU FAIS ICI ?
LAURENT, J'AIMERAIS QUE TOM NOUS REJOIGNE.
HEIN ?
M. KASPAROV L'A BIEN DIT, NON ?
POUR LE FUTUR DES ÉCHECS...
... !

NOUS DEVONS AUGMENTER LE NOMBRE DE MEMBRES DU CLUB ET TRAVAILLER TOUS ENSEMBLE !
ÉVIDEMMENT !
TU VAS ÊTRE SÉRIEUX ?

MOI, JE LE CROIS.
...
BON... PUISQUE HARMONY INSISTE TANT, J'ACCEPTE TON INSCRIPTION.
EN REVANCHE,
TU SAIS CE QUI SE PASSERA SI TU N'ES PAS SÉRIEUX OU QUE TU FAIS N'IMPORTE QUOI PENDANT UN MATCH.
OUAIS.
CLAC
J'AI IMPRIMÉ LES MODALITÉS DE PARTICIPATION POUR LES SÉLECTIONS INTERNATIONALES DU PROJECT T !
MAIS AVANT, IL Y AURA DES QUALIFICATIONS NATIONALES. LISEZ BIEN TOUT.

C'EST VRAIMENT DE GRANDE ENVERGURE ! VOUS DEVEZ ÊTRE SUREXCITÉS !
MONTREZ-NOUS, MONTREZ-NOUS !
HÊ HO ! DU CALME !
TAP カタ カタ TAP
KARL, JE SUIS RAVIE QUE TU SOIS ENFIN SORTI DE L'HÔPITAL.
CLAC
DÉSOLÉ DE VOUS AVOIR CAUSÉ DU SOUCI.
IL EST IMPORTANT DE FAIRE ATTENTION À SA SANTÉ... PRENDS SOIN DE TOI.
TIENS ?
LES ÉCHÉQUISTES DE MON ÉQUIPE PARLAIENT DE CET ARTICLE...
JE VOIS QU'IL S'AGIT D'UN ÉVÈNEMENT POUR LES JEUNES.
OUI.
Project

C'EST UN TOURNOI DE GRANDE AMPLEUR, IL SEMBLE LOGIQUE QUE TU Y PARTICIPES.
ET TU NOUS FERAS L'HONNEUR DE REMPORTER LA VICTOIRE, EN DIGNE FILS DE TON PÈRE.
J'Y COMPTE BIEN, MÈRE.
HÉ HÉ
LA FEMME DE L'AMBASSADEUR M'A PARLÉ D'UN BON RESTAURANT RUSSE. ALLONS-Y AFIN DE FÊTER TA SORTIE DE L'HÔPITAL.
DÈS DEMAIN, JE DEVRAI DE NOUVEAU M'ABSENTER POUR FAIRE LA TOURNÉE DES CONSULATS.
CLAC
CLAC
OUI, JE VAIS ME PRÉPARER.
À DANS 20 MINUTES, DEVANT LE PORCHE.
Project T
D'ABORD LES QUALIFICATIONS NATIONALES...
MOI, JE REMPORTERAI LE TOURNOI DE RUSSIE...

PUIS JE JOUERAI CONTRE LE REPRÉSENTANT DU JAPON...
J'AI HÂTE DE TE RETROUVER...
"MUTO98".
AUCUN SOUCI POUR LES MATCHS EN INDIVIDUEL... MAIS IL VA AUSSI FALLOIR MONTER UNE ÉQUIPE.
POUR CE TOURNOI, IL NOUS FAUT UNE ÉQUIPE MIXTE COMPOSÉE DE CINQ JOUEURS.
CINQ PERSONNES, C'EST COMME POUR LES OLYMPIADES D'ÉCHECS.

COMME NOTRE ÉCOLE VA Y PARTICIPER...
DANS UN BUT D'ÉQUITÉ, NOUS ALLONS FAIRE UN MATCH DE SÉLECTION AU SEIN DU CLUB LA SEMAINE PROCHAINE.
!
LUNDI, APRÈS LES COURS, NOUS ORGANISERONS UN TOURNOI TOUTES RONDES.
ÇA VEUT DIRE QUE DEUX PERSONNES NE POURRONT PAS PARTICIPER...
JE... JE VEUX FAIRE PARTIE DE L'ÉQUIPE !
CROC
ギギ
ピン
CLING
PAF

ALORS... LE RÉSULTAT EST "JE VAIS FAIRE DE MON MIEUX" ! YOUPI !
HEIN ?
HOP
UN HOROSCOPE POUR SMARTPHONE ?
IL Y A AUSSI UNE PART DE CHANCE LORS DES TOURNOIS... HOP !
OH ! LA CHANCE VA ME SOURIRE !
C'EST TRÈS LARGE, DIS DONC...
TA-DA
HOROSCOPE DE LA SEMAINE PROCHAINE
LUCKY
FAISONS DE NOTRE MIEUX, SAORI !
MÊME SI JE NE JOUE PAS À VOTRE NIVEAU, JE VAIS M'ACCROCHER ! JE NE SUIS PAS DU GENRE À ME DÉGONFLER !
C'EST LE BON ÉTAT D'ESPRIT !
DÉSOLÉ, MAIS JE RISQUE DE TE FAIRE PLEURER À NOUVEAU.

AH NON !
CETTE FOIS, LE RÉSULTAT NE SERA PAS LE MÊME.
IL... IL A CHANGÉ DEPUIS LA DERNIÈRE FOIS...
ナァーーッ
MAAOU
TIENS...
TOI AUSSI, TU VEUX PARTICIPER ?

QUELQUE CHOSE D'INTÉRESSANT VA COMMENCER...
ESSAYONS D'EN PROFITER AUSSI.
CAR LA VIE EST COURTE.
TOC
ET MAINTENANT...

QUE LES
MATCHS
COMMENCENT !

BLITZ

à suivre...

Créée par Cédric Biscay et mise en images par le mangaka Daitaro Nishihara, la série est supervisée et parrainée par Garry Kasparov en personne !

« Je me suis toujours consacré à démocratiser le jeu d'échecs de toutes les façons possibles, et c'est une occasion unique de pouvoir le faire, en particulier au Japon, pays où il n'est pas vraiment populaire et où le Shogi est le plus connu. Si vous souhaitez communiquer de façon efficace, vous devez parler le langage de votre public et le manga est une sorte de langue maternelle pour de nombreux jeunes. C'est pourquoi, l'invitation de Cédric m'a semblée l'occasion idéale de promouvoir les échecs auprès d'un nouveau public, à travers un média qui est à la fois visuel et dynamique. »

Garry Kasparov

POSTFACE

L'INTUITION

Nous aimerions tous avoir des super pouvoirs. Des capacités extraordinaires dignes des super héros les plus fantastiques. Nous pourrions par exemple percevoir plus vite et plus loin ; savoir les choses. Nous pourrions prendre les meilleures décisions, être plus créatifs pour trouver les meilleures solutions. Instantanément faire les bons gestes, ressentir la voie à suivre et emprunter le bon chemin. Ou même encore anticiper les pensées et les actions de nos amis et des autres personnes.

Ce serait tellement formidable d'être plus intelligents, plus présents à tout ce qui nous entoure, et de relever les défis que nous nous donnons dans la vie, même s'ils paraissent impossibles à réaliser au départ.

Et si c'était vrai ?

Et s'il nous était vraiment possible d'avoir ces capacités ?

Suite à son accident, Tom s'éveille à de nouvelles sensations. De manière plus ou moins consciente, il fait l'expérience d'intuitions fulgurantes ! Il pressent quelle pièce bouger, et le geste se fait comme automatiquement. Il commence à ressentir la personnalité du joueur adverse.

Il est si réceptif aux émotions de sa mère et de ses amis que, spontanément, il anticipe leurs paroles et actions.

Et toi ? Tu as probablement déjà eu des ressentis qui t'indiquaient que quelque chose se passait ou allait se passer. Ou la sensation de voir ou de savoir, sans aucun indice te permettant de te dire d'où te vient cette connaissance. A ce moment-là, tu sais que tu sais, mais tu ne sais pas comment tu sais !
C'est la magie de l'intuition.

L'intuition peut être vue comme une certitude, une conviction, une évidence, qui peut prendre la forme d'une sensation, d'un ressenti. Elle peut aussi être comme une petite voix, une sorte de sagesse intérieure. Les créatifs parlent d'inspiration. Pour le scientifique, c'est l' « Eurêka ! », la révélation, l'éclair de génie. Pour le policier ou le journaliste, l'intuition c'est avoir du flair, faire appel à son instinct ou à son sixième sens…

L'intuition est parfois difficile à saisir quand on la découvre ; elle surprend par sa fulgurance et sa puissance. Et c'est ce qui étonne tant Tom quand ses capacités intuitives émergent et s'expriment soudainement en lui.

L'intuition est un mode de connaissance indépendant de la raison. Elle est donc par essence difficile à comprendre. Car l'intuition fournit une information pertinente d'emblée, sans trituration des méninges, sans calcul, sans recours à l'analyse ou à la déduction. Nul besoin d'informations de départ ! Elle s'offre spontanément. Elle est le fruit d'un mode d'accès particulier au monde. Elle représente une forme de compréhension

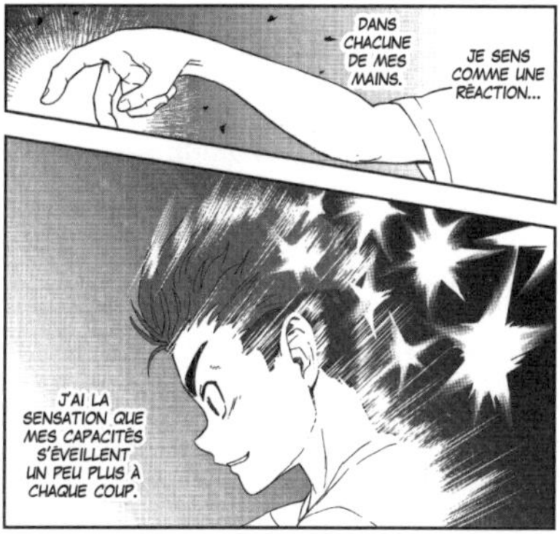

directe et spontanée : il s'agit d'accéder à une connaissance qui provient de l'intérieur de nous.

D'ailleurs, est-ce l'orage et le casque en explosant qui lui ont donné ces pouvoirs ? Ou bien Tom les avait-il déjà avant ; l'accident les lui révélant soudainement ? Au fil des aventures de Tom, nous allons ensemble explorer ce mystère.

Et tu pourrais toi aussi, comme Tom, accéder plus facilement à ton intuition.

L'intuition est une réalité qui est étudiée depuis plusieurs décennies par la science, et les chercheurs ont fait de nombreuses découvertes fascinantes. Bien des clés sont aujourd'hui connues pour prendre contact avec notre intuition, pour la développer, et l'utiliser. Cela signifie que **chacun.e possède cette compétence**, tout comme nous avons la capacité d'apprendre à jouer du piano, au tennis ou aux échecs.

Le mode intuitif est un processus qui se déroule en nous. Même si nous n'en avons pas conscience. Ce processus de perception se manifeste tout d'abord dans le corps, par des gestes reflexes ou automatiques. Ceux-ci génèrent à leur tour du ressenti. C'est le phénomène de pressentiment. Et ces ressentis peuvent à leur tour faire émerger à l'esprit des images ou des idées.

Pense à une question que tu te poses, et qui te demande de faire un choix, ici et maintenant. Par exemple : « Est-il préférable pour moi de faire ceci (choix 1) ou cela (choix 2) ? ».

Prends les deux possibilités que tu veux et qui correspondent à une de tes interrogations du moment. Puis, fais comme si tu allais dans la direction du choix 1 : imagine que le choix 1 se trouve devant toi, et que tu commences à aller vers lui.

Comment cela fait-il à l'intérieur de toi, dans ton corps ?
Comment est ton ressenti ?
Te sens-tu léger et porté vers l'avant, ou plutôt freiné et lourd ?
Suis maintenant la même démarche pour le choix 2.
Comment est ton ressenti quand tu fais comme si tu te mettais réellement en marche dans cette direction ?
Quelle est la direction vers laquelle ton corps t'emmène plus facilement ?

Vers quel choix ton cœur te porte-t-il ?

Comme le dit le vieux commerçant à Tom, **il y a une harmonie parfaite entre le présent, le passé et le futur.** A chacun.e de nous de nous mettre en chemin vers cette harmonie, et de partir à l'aventure, tout comme Tom et avec lui. Partons à la découverte des capacités extraordinaires qui sont en nous et qui ne demandent qu'à vivre, pour nous apporter le meilleur de nous-même.

Alexis Champion

VOIS-TU... ICI...
LE PRÉSENT,
LE PASSÉ,
ET LE FUTUR...
SONT EN PARFAITE HARMONIE.
C'EST PAREIL DANS UNE PARTIE D'ÉCHECS.
TOUTE PERSONNE AYANT EN ELLE LE DÉSIR D'APPRENDRE EST CAPABLE DE RESSENTIR CETTE BEAUTÉ...
BOM
DANS SON COEUR.
ざわ... VOOOM
...

Alexis Champion

Alexis Champion possède un doctorat en informatique, avec spécialité en intelligence artificielle. Pendant une douzaine d'années, il a été chercheur puis directeur de projets informatiques au sein de laboratoires publiques et privés, ainsi qu'au sein d'entreprises de service.

Alexis est par ailleurs le fondateur et directeur d'iRiS Intuition, entreprise dédiée à l'utilisation, la formation et la recherche scientifique sur l'intuition. Depuis 2008, iRiS est active dans des domaines diversifiés tels que l'industrie, la banque et la finance, l'archéologie et l'histoire, l'énergie, le judiciaire, le management ou encore les arts. Les sujets d'intervention d'iRiS sont l'aide à la décision en situations d'incertitude ou d'urgence, la créativité et l'innovation.

Les domaines de réflexion et d'engagement d'Alexis sont principalement l'utilisation coopérative du raisonnement et de l'intuition, les recherches sur les perceptions et la conscience, les différences et collaborations Homme-machine, l'excellence physiologique et cognitive de l'Humain.

Garry Kasparov

Né en 1963 à Baku, en Azerbaïdjan, Union Soviétique, Garry Kasparov devient, à l'âge de 12 ans, champion d'échecs des moins de 18 ans d'URSS.

Puis, à 17 ans, il remporte le titre de champion du monde des moins de 20 ans. En 1985, à 22 ans, il acquiert une notoriété internationale en tant que plus jeune champion du monde d'échecs de l'histoire.

Il a défendu son titre à cinq reprises, dont une série de matchs légendaires contre son grand rival Anatoly Karpov.

Kasparov a battu le record de Bobby Fischer en 1990 et son propre record est resté invaincu jusqu'en 2013.

Ses célèbres matchs contre le super-ordinateur Deep Blue d'IBM en 1996-97 ont joué un rôle clé dans l'intégration de l'intelligence artificielle dans le monde des échecs.

Nous remercions tout particulièrement

Garry Kasparov
Kosta Yanev
Dasha
Mariana
Alexandra Kovcic
Yuma Shinano
Toru Nakayama
Alexis Champion
Tsukasa Mori

BLITZ TOME 1

BLITZ

www.shibuya-productions.com
Shibuya Productions
Villa Bianca
29 rue du Portier
98 000 Monaco

Création originale : Cédric Biscay
Dessins : Daitaro Nishihara
Scénario : Cédric Biscay & Harumo Sanazaki

Direction éditoriale : Yasuharu Sadaie & Sahé Cibot
Coordination : Dominique Langevin, Yasuharu Sadaie, Sahé Cibot
Fabrication : Dominique Langevin
Traduction : Noëlla Bonnier Fujii & Sahé Cibot
Adaptation graphique : Karim Talbi
Correction orthographique : Mélanie Ramet

Illustration de couverture : Daitaro Nishihara
Colorisation : Hervé Trouillet

Conseils : Jean Michel Rapaire, Sébastien Joie

IWA

Achevé d'imprimer en Bulgarie
Dépôt légal : janvier 2020
Imprimé par Pulsio Print
ISBN : 978-2-9570036-0-0

CE MANGA EST
PUBLIÉ DANS LE SENS
DE LECTURE JAPONAIS.
VOUS ÊTES DONC ICI

À LA FIN.